WISDOM
MATTERS

WISDOM MATTERS

위즈덤 매터스

최현 외 지음

나는 배웠다

by 손지윤

어릴 적부터 나는 배웠다.
공부를 잘하면 인생길이 핀다고…
공부의 '공'자도 잘 몰랐던 나에게
모두는 나를 천재라고 했다.
하지만 나중에 보니 그건
다 가식이라는 것을 배웠다.

유치원 때 나는 배웠다.
슬퍼도 울면 안 된다고,
울면 지는 거라고…
굳세게 살아야 한다고 나는 배웠다.

초등학교 때 나는 배웠다.
공부는 갈수록 어려워지고
그만큼 더 해야 한다는 것을…
좋은 중학교에 들어가고
좋은 학원에 다녀야
세상으로부터 인정을 받는다고 나는 배웠다.

중학교 때 나는 배웠다.
잠보다 공부 시간이 중요하고
쉼보다 문제 하나가 더 중요하다고…
1점을 못 받으면 인생이 끝나고
스펙을 쌓는 데 목숨을 거는 것을
한국의 그 입시 지옥을 나는 배웠다.

만방에 와서 나는 배웠다.
지식은 지혜를 뛰어넘지 못하는 것을…
'잘한다'보다 '열심히'와 '즐겁게'가
더욱 중요하다고 나는 배웠다.

그리고 오늘 나는 배웠다.
가격과 가치를 알게 하는 게 교육이라고
그걸 겸비한 레인보우 다이아몬드가 만방이라고…

나는 매일 배운다.
이곳이 내가 있어야 할 곳이라고…
물같이 소중한 존재라고 나는 배웠다.

목차

"첫째로 지혜로운 사람은 '방향성을 제시할 수 있는 사람'이라고 생각합니다. 그는 시각과 관점이 다르고 생각의 깊이가 다르며 주변을 올바른 방향으로 이끌어 나갑니다. 이번 학기의 섬김이들은 주변을 더욱 바라보며 살겠습니다. 자신이 속한 작은 공동체부터 큰 공동체까지 분위기와 흐름을 파악하고 지혜롭게 방향성을 제시하겠습니다. 그 방향성을 제시하는 과정에서 자신의 생각만으로 이끌어 가는 것이 아니라, 선생님들과 주변 친구들의 도움을 받아 함께 나아갈 것입니다.

둘째로 지혜로운 사람은 '영적으로 깨어 있는 사람'이라고 생각합니다. 지혜로운 사람들이 모여 지혜로운 공동체를 이루어 가기 때문에 공동체의 표면적인 분위기나 모습을 보는 것도 중요하지만 내면적이고 영적인 부분을 생각하는 것 역시 중요합니다. 이번 학기의 섬김이들은 단순히 표면적인 고민만을 하는 것이 아니라 공동체의 내면을 아름답게 가꾸고자 노력하겠습니다. '어떻게 하면 공동체가 바로 설 수 있을까?', '어떻게 하면 동생들에게 좋은 흐름을 물려줄 수 있을까?'를 고민하며 나아갈 것입니다.

마지막으로 지혜로운 사람은 '사랑하는 사람'이라고 생각합니다. 이 부분은 저도 아직 많이 배워가고 있는 중입니다. 지혜를 흘려보내는 데 사랑만큼이나 중요한 게 있을까요. 형과 언니들은 동생들을 진심으로 사랑하고 도움을 주고자 할 때 지혜를 얻을 수 있을 것입니다. 형들이 동생들의 부족한 부분이나 어려움을 상담해줄 때 사랑을 담아 진심으로 이야기해준다면 더 큰 힘이 있습니다. 사랑은 겉으로만 변해 보이는 것이 아니라 내면이 바뀌는 놀라운 힘을 가지고 있습니다."

위의 글은 만방학교의 제자, 영서가 지혜에 대하여 나눈 이야기입니다. 만방국제학교는 학생들에게 이렇게 이야기합니다.

"Wisdom beyond your knowledge."

'지식'은 학문의 영역 안에서 놀지만, '지혜'는 삶의 모든 영역에서 영향력을 발휘합니다. 4차 산업혁명의 시대를 살아가야 할 우리 자녀들에게 요구되는 진짜 스펙은 지식을 뛰어넘는 지혜라고 말할 수 있습니다.

많은 사람들이 만방국제학교를 방문하며 만방교육의 비밀을 알고 싶어 합니다. 하지만 해 아래 새것이 없음을 고백합니다. 그저 기본에 충실하고 싶을 뿐입니다. 여기에 우리가 하고 있는 기본을 엮었습니다. 지혜는 기본에서 나옵니다. 기본으로 돌아가기 원하는 학교들과 선생님들과 부모님들을 위해 지식에 지혜를 더하기를 노력하는 우리 교육의 디테일을 모았습니다. 교육에 대해 고민하시는 선생님들과 부모님들에게 이 책을 권해드립니다.

최현 교장

만방국제학교

김민정(교육매거진 앤써 기자)

세계 유명 교육에 대한 한국 학부모들의 관심이 그 어느 때보다 뜨거운 요즘이다. 한국 교육에 대한 불만과 불안이 한국을 넘어 세계로 눈을 돌리는 이유이리라. 독일에는 인간에 대한 바른 이해를 기반으로 아이와 더불어 부모도 성장하는 '발도르프 학교'가, 영국에는 세계 대안학교의 롤모델이자 자유의 상징인 '서머힐 학교'가 있다면 중국에는 '만방국제학교'가 있다. 우수한 인성교육을 무기로 학생의 진정한 성장을 추구하는 교육의 세계적 흐름을 주도하며 미국과 유럽에서도 잇단 러브콜을 받고 있는 이 학교가 궁금한 독자들을 위해 매거진 앤써가 직접 중국 하얼빈을 찾아가보았다.

진짜 '학생'과 참 '교사'를 보았다 만방국제학교

학교의 모습이 비정상이 되어버린 게 언제부터일까. 교사는 배울 자세가 안된 학생들이 문제라고 소리치고 학생들은 존경할 만한 스승이 없다고 아우성이다. 지금 우리의 학교 안에는 성적과 등수로 아이를 재단하는 교사와 단지 좋은 대학에 가기 위한 도구로 교사가 필요한 학생이 있을 뿐이다. 한마음으로 학생 한 명 한 명의 행복한 미래를 설계하던 교사의 초심은 어디로 갔을까. 오직 '희생'과 '헌신'의 마음만으로 '교육'을 위해 뭉친 이들이 십여 년 전, 중국 하얼빈 허허벌판에 세운 '파워나지움(파워를 기르는 곳)'이 특별해 보이는 건 비단 기자만의 생각은 아닐 것이다.

1부
만방 학생들의 '인성'을 논하다

우리나라에서는 인성교육을 '수업'으로 만들어 일회성으로 가르치려 한다. 그런데 과연 인성이 수업 몇 번만으로 길러질까? 쉽게 고개가 끄덕여지지 않는다. 인성은 생활 속에서 습관으로 체화되기 때문이다. 체육 수업 몇 번, 음악 수업 몇 번, 명사 특강 두어 번으로 만족하지 않고 아침에 일어나 저녁에 잠자리에 들 때까지 모든 시간에 밀착하여 삶 전체를 인도하는 교사들이 몸소 가르치는 인성은 어떤 모습일까. 만방국제학교 설립자인 최하진 박사와 최현 교장은 만방국제학교의 교사들을 '학생을 위하여 죽을 각오로 살아가는 사람들'이라고 소개했다.

저마다 다른 꽃을 피우는 아이들에게

우리 사회에서 아이들의 인성을 논하게 된 가장 큰 계기는 질풍노도의 시기, 사춘기 때문이 아닐까. 중2로 대표되는 사춘기는 무서운 '중2병'으로 불리며 학부모들을 벌벌 떨게 한다. 사춘기는 사실 아이들이 자신의 비전을 꿈꾸고 찾아가는 시기인데 반항의 시기로만 비춰지는 현실이 짐짓 씁쓸해진다. 이 시기의 아이들은 학교와 집, 교사와의 관계에서 각기 다른 모습을 보이는데, 어느 한 부분으로만 판단할 것이 아니라 다양한 각도로 보아야 비로소 한 아이를 온전히 이해할 수 있다고 최현 교장은 일침을 가한다.

"아이들은 교사랑 상담할 때와 가정에서 부모와 이야기할 때가 다 달라요. 즉, 아이들의 다양한 모습을 보려면 학교 생활만 파악하는 것으로는 부족하단 말이에요. 여기에서 전원 기숙사 학교의 강점이 드러나게 되는데요. 만방국제학교에서는 '24/360 케어 시스템'으로 학생들을 케어하고 있어요. 만방의 교사들은 학교에서의 모습은 물론, 기숙사 생활까지 거의 24시간, 360도로 아이들을 관찰할 수 있는 셈이지요."

학생 케어의 주축은 상담인데, 만방국제학교에서의 상담은 곧 성적과 연계된다. 학생과 가족 및 친구와의 관계, 학습태도, 진로에 대한 고민 등 인성과 관련된 다양한 부분이 성적에 영향을 준다고 보는 것이다. 보통 인성교육은 성적과는 별개로 진행하는 경우가 많은데 비해 색다른 접근 방식이다.

"아이들의 모든 고민은 성적에 고스란히 나타나기 마련이거든요. 세 가지 성적 그래프로 예를 들어 볼게요. 1년 내내 오르락내리락 흔들리는 아이, 낮은 성적이 어떤 계기로 쭉 치고 올라간 아이, 계속 상위권을 유지하는 아이가 있어요. 첫 번째 아이는 집과 부모님에 대한 향수로 성적이 낮아졌다가 학교에 대한 기대감으로 다시 상승했고, 감기로 병원에 입원했을 때 잠시 주춤했어요. 두 번째 아이는 입학 후 잘 적응하지 못해 낮은 성적을 유지하다가 좋은 친구들을 만나게 되면서 성적이 쭉 치고 올라갔죠. 마지막 아이는 성적은 항상 상위권이었지만 공부에 대한 압박을 가지고 있었어요. 미국 학교에서 보이지 않는 차별을 느껴온 아이라 자신의 정체성을 성적과 동일시하고 있었거든요. 성적만이 전부가 아니라는 사실을 알려주기 위해 교사들이 부단히 노력했고, 오히려 성적이 떨어진 걸 한마음으로 기뻐했다니까요.”

성적의 높낮이로 아이를 낙인찍기보다 왜 이러한 성적을 받게 되었는지를 먼저 고민하는 교사들이 있기에 가능한 일이다. 세상에는 단 한 명도 똑같은 아이가 없다. 저마다의 스토리를 가진 아이들을 위해 학생 한 명 한 명의 변화과정을 끊임없이 추적해온 교사가 공유하는 ‘Case Study’를 매주 진행하는 것도 이러한 이유에서다.

인터뷰를 마치고 차를 마시는 시간에도, 저녁 식사 자리에서도 선생님들의 아이들 이야기는 끊이지 않는다. 누가 오늘 설사를 해서 컨디션이 안 좋고, 이번 주 시험을 앞둔 누구는 면 대신 밥을 먹여야 한다는 등 정말 ‘시시콜콜’한 이야기가 이어진다. 가만히 귀 기울이고 있자니 문득 나태주 시인의 ‘풀꽃’ 구절이 생각난다.

‘자세히 보아야 예쁘다. 오래 보아야 사랑스럽다. 너도 그렇다.’

부모와 스승의 발자국을 따르는 교육

‘이상한 아이 뒤에는 더 이상한 부모가 있다. 부모가 변해야 아이가 변한다.’ 모두가 공감하는 말이지만 실천에 옮기기란 쉽지 않다. 그렇기에 만방국제학교의 행보가 두드러져 보이는지도 모르겠다. 만방국제학교의 입학 면접은 독특하게도 학생과 부모가 함께 참여한다. 특히 엄마뿐 아니라 아빠도 참여해야만 비로소 면접이 진행된다. 부모를 보면 아이의 인성을 알 수 있다는 게 만방국제학교의 철칙이기 때문이다. 그래서 단 한 명의 학생을 뽑을지라도 이들을 직접 검증하기 위해 교장단이 직접 한국으로 가는 남다른 열의를 보인다.

“부모와 함께 면접하다 보면 재미있는 일이 많아요. 보통 한 시간 이상 진행되는데, 면접에 임하는 아이를 보면서 부모들은 몰랐던 아이의 모습을 발견하게 되었다고 하더군요. 가장 기억에 남는 면접으로는 우여곡절 끝에 입학한 철규가 떠오르네요. 공부 잘하는 형에 대한 비교의식에 사로잡혀 열등감 때문에 힘들어 하던 학생이었어요. 면접 현장은 이미 패색이 짙었죠. 마지막 순간, 철규 아버지가 간절한 마음으로 입학을 원하며 눈물을 흘리기 시작했어요. 남자의 눈물, 특히 아버지의 눈물은 가슴을 울리는 무언가가 있나 봐요. 철규도 난생 처음 보는 아버지의 눈물을 보며 만감이 교차하는 표정이더라고요. 그러고는 전혀 다른 태도로 면접에 열의를 보였고, 기적적으로 입학할 수 있었어요. 그 이후로 철규는 일명 '아버지의 눈물'로 통하죠(하하). 물론 철규는 지금은 공부에 대한 자신감과 리더십 있는 학생이 되어 '아버지의 자랑'으로 변화되었죠."

부모의 진심이 자녀에게 통하는 순간이다. 이러한 소통이 가능하려면 부모가 먼저 변해야 한다. 만방국제학교에서는 학부모에게 많은 요구를 하기로 유명하다. 한 달에 한 번 학부모도 필독서를 읽어야 하고, 아이가 학교생활에 문제가 있거나 가정에서 필히 챙겨야 할 부분을 공문으로 발송할 경우 공문의 내용을 확인했다는 피드백이 올 때까지 끊임없이 학부모를 괴롭힌다고.

"만방국제학교에서는 3번 거짓말을 하면 퇴학 결정을 내릴 정도로 엄격한데, 얼마 전 한 학생이 거짓말을 해서 한 달 동안 한국으로 귀가조치를 내렸어요. 이때부터 부모에게 과제가 주어집니다. 학생의 생활패턴이 흐트러지지 않도록 매주 학생의 일과를 관찰하여 학교 측으로 메일을 보내야 해요. 단, 집으로 돌아온 아이를 무작정 탓하기보다는 모처럼 아이와 함께할 시간을 가진다는 기쁨으로 아이와의 시간을 즐길 수 있도록 하고 있어요. 이 과제를 완수해야만 다시 학교로 돌아올 수 있답니다."

학부모의 변화도 놀랍다. 소위 '갑질'하는 학부모에서, 교사와 학교를 무한 신뢰하는 '열혈 팬'으로 바뀐다. 전적으로 아이를 맡기고 매주 학교와의 소통에 귀 기울이면 어느새 인성이 한 뼘 더 자라난 아이를 마주할 수 있음을 경험했으니 말이다. 부모에게 가장 어렵다는 기다림의 미학을 절로 체득시켜주니 절로 '팬'이 될 수밖에.

"공부를 잘해도 떨어지는 학교가 여기에요. 인생의 성공이 항상 성적과 비례하는 건 아니거든요. 중요한 건 인성이고, 아이의 인성에 바탕이 되는 부모의 됨됨이입니다. 잘하는 아이들을 더 잘하게 만드는 일은 쉽다고 생각해요. 바른 인성만 있다면 못하는 학생도 잘할 수 있게 만드는 게 학교가 할 일 아닐까요?"

만방국제학교의 Secret Note

세븐파워교육

단순히 지식을 길러주는 것으로는 진정한 학교의 역할을 다 했다고 보기는 어렵다. 살아있는 지식을 가르치기 위해서는 주변에 영향력을 미칠 수 있는 동적인 힘, 즉 파워가 필요하다. 일곱 가지 파워를 갖춘 인재를 양성하는 게 만방국제학교의 목표이다.

Power Ⅰ. 네트워크 파워 - 인간관계, 사회성 및 다양한 타문화 수용 능력

Power Ⅱ. 멘털 파워 - 긍정적이고 도전의식이 넘치는 돌파 능력

Power Ⅲ. 브레인 파워 - 지혜롭게 학습하고 집중력과 창의력을 높이는 두뇌 능력

Power Ⅳ. 모럴 파워 - 정직성 등 바른 성품과 이웃을 위하는 이타적 능력

Power Ⅴ. 리더십 파워 - 자기관리에서 시작하여 공동체와 사회를 섬기는 능력

Power Ⅵ. 바디 파워 - 좋은 식습관과 운동으로 체력을 뇌력으로 만드는 능력

Mini Interview

우유 카페에서 열린 만방 학생 간담회

만방국제학교의 학생들을 직접 만나보고 싶다는 기자의 말에 선생님들이 즉석에서 아이들을 섭외하기 시작했다. '우유 카페'로 하나둘 모이는 폼이 예사롭지 않더니, 어느새 스무 개 남짓한 의자가 꽉 채워지고 의자 뒤로 원을 그려 아이들이 서기 시작한다. 눈대중만으로도 서른 명은 족히 넘는 듯한 아이들의 방문(?)에 인터뷰는 간담회가 되어버렸다. 한 명 한 명의 이름을 언급하지 못하는 아쉬움을 덜기 위해 모두의 얼굴을 카메라에 담기로 한다.

Q. 만방국제학교 자랑

A. 쓸 데 없는 시간이 없어요. 다양한 활동(Activity)을 통해 평소에 하지 못한 다양한 경험들을 할 수 있어요. 대표적인 것이 합창과 오케스트라예요. 중국 문화와 중국어를 현지 친구들과 함께 배울 수 있는 장점도 있고요. 무엇보다도 성적에 대한 집착을 버릴 수 있어요. 이 모든 게 선생님들 덕분이에요. 입학 첫날부터 번호가 아닌 이름을 불러 주시거든요. 심지어는 저보다 절 더 많이 아시는 것 같아요(하하). 사랑받는다는 느낌을 받으니 자신의 가치를 찾을 수 있고, 대학 너머의 꿈을 보게 되지요. 제 동생까지 보내고 싶은 학교라면 이해가 쉬우시려나요?

Q. 한국 학교와 이것이 다르다!

A. 일단 학교폭력, 왕따, 비속어가 없어요. 반장과 부반장 등 학급임원도 학생들이 아닌 선생님이 임명해 주세요. 가장 신기한 게 성적보다 인성이 먼저인 학교라는 점이에요. 왜 공부를 해야 하는지를 먼저 깨닫게 하니 목적의식을 갖게 되고 자연스레 공부를 하게 되거든요. 특히 고3이 되면 대학 입시에 포커스를 맞춰 수많은 정보들이 쏟아져 나오잖아요. 이 문제집이 좋다, 논술 준비를 해야 한다 등등 사소한 정보 하나에도 흔들리게 되죠. 하지만 저희는 시험을 위해 공부하지 않아요. 시험은 하나의 과정일 뿐, 눈앞의 대학 입시가 아닌 그 너머의 것을 보게 해 주시는 선생님들 덕분에 제 자신에게 한계를 두지 않는 거죠.

Q. 아직 못다 한 이야기, 인성

A. 만방국제학교에서는 '반항'이 없어요. 선생님들이 권위적이거나 감정적이지 않고 우리를 위해 최선을 다하시는 게 느껴지거든요. 인성교육 또한 일회성 수업으로만 그치는 게 아니라 기숙사 생활을 통해 많은 사람들과 접하고 관계에 대해 배우는 기회를 제공하고 있어요. '빨리 가려면 혼자 가고, 멀리 가려면 함께 가라'는 말 그대로 공동체 의식에 대해 체득할 수 있는 학교이지요.

Q. 고3 학생들, 공부 이야기도 좀 해 주세요!

A. 저희는 지금 대학 입시를 3일 앞두고 있는데요. 시험이 전혀 두렵지 않다면 믿으시겠어요? 사실 지금의 실력이 어느 정도인지 확실히 모르지만 자신 있어요. 모든 순간에 최선을 다했기 때문인 것 같아요. 비결이라면, 멘

토링을 빼놓을 수 없지요. 50명 남짓한 고3이 한 공동체가 되어 서로의 지식을 공유하고 노하우를 전수해 주는 그룹 스터디인데요. 사실 저희는 유학생 특별 전형으로 대학에 지원하는 거라 최소 1명에서 최대 20명 정도의 정원을 두고 서로 경쟁하는 사이라고 할 수 있어요. 하지만 멘토링을 통해 경쟁자가 아닌, 협력하는 방법을 배우고 있어요. 나눠서 줄어드는 게 아니라 같이 성장할 수 있음을 깨달았으니까요.

2부
만방 학생들의 '학습'을 말하다

성적과 학습에도 강한 만방국제학교의 입시에 대한 자신감은 인성교육에 가려져 덜 알려진 부분이다. 만방 학생들에게 있어서 학습은 너무나 기본적인 것이어서 따로 언급할 필요를 느끼지 못했단다. 그도 그럴 것이 자신이 왜 공부해야 하는지 제대로 알고 하는 학습과 그렇지 않은 학습은 차이가 있을 수밖에. 사실은 외대부고보다도 더 많이 공부시키는 학교라며 대수롭지 않은 듯 미소 짓는 이 학교의 숨겨진 또 하나의 강점을 엿볼 차례다.

영어와 중국어를 동시에 마스터하고 싶다면?

중국 유학은 흔히 공부를 못하는 아이들의 도피성 유학으로 폄하되곤 한다. 이 선입관의 연장선상에 만방국제학교가 놓여 있다고 생각한다면 오산이다. 만방 학생들은 중국어는 기본이고, 수준급의 영어 실력을 갖추고 있다. 한국어가 아닌 중국어와 영어로 일반 과목을 가르치기 때문이다. 여기서 그치지 않는다. 대부분의 수업이 참여형 토론 수업으로 이뤄져 자신이 생각하는 바를 중국어와 영어로 논리정연하게 토론하고 에세이를 쓰는 경지에까지 이른다.

"텝스, 토플, HSK 등의 공인어학시험에 맞춘 학습이 아니에요. 우리의 목표는 고작 시험 성적을 잘 받는 게 아니거든요. 학교의 수업을 열심히 따라가다가 주말에 하루 시간을 내어 공인어학시험을 보러 갔다 와요. 당연히 원하는 성적을 취득해 오지요. 실전에서 바로 활용 가능한 말하기와 학문적 깊이를 가진 학습을 하니 따로 시험을 준비하지 않아도 될 정도의 실력이 완성되는 건 두말할 나위 없지요."

유치원 때부터 영어를 배우면서도 정작 외국인을 만나면 입도 뻥긋하지 못하는 한국식 영어와는 차원이 다르다. 실력은 공부 시간에 비례하지 않는다는 사실을 보여주는 셈이다. 만방국제학교에서 3~4년 학습한 중·고등학생들은 대학 수준의 실력을 갖추게 된다고. 학생의 수준에 맞는 로드맵을 제시하니 아웃풋이 극대화되는 건 당연하다.

이처럼 한국어, 중국어, 영어 등 최소 3개 국어를 마스터하는 만방 학생들은 중국 대학은 물론 미국, 캐나다, 유럽, 호주 등 해외 대학 진학에도 강점을 보인다. 특히 미국 대학의 경우 SAT 준비에서부터 원서접수까지 모두 교사들이 진행할 만큼 교사들의 수준과 입시 지식이 해박하다. 이러한 강점들이 입소문을 타면서 별다른 홍보 없이도 경쟁률이 매년 높아지는 추세다.

목표가 다른 학교, 차원이 다른 학교

인성교육으로 유명하다 보니 자칫 대안학교로 오해를 받곤 하는데 만방국제학교는 초·중·고등학교를 갖춘 어엿한 일반 학교이다. 하지만 여느 국제학교들과는 다른 커리큘럼을 자랑한다. 각기 다른 재능을 가진 아이들을 교육하기 위해서는 매년 발전된 커리큘럼으로 보조를 맞춰야 한다는 것이다. 그중에서도 최고의 효과를 뽐내는 두 가지가 있다. 위클리 테스트와 바인더가 그것이다.

"만방국제학교가 인성만 교육한다는 건 편견이에요. 아마 저희만큼 시험을 많이 보는 학교도 드물 거예요. 매주 '위클리 테스트'가 있거든요. 물론, 성적에 연연하라고 보는 테스트는 아니에요. 시험 공포증을 떨쳐 내고 매주 배운 내용을 제대로 습득했는지 점검하는 도구일 뿐이지요. 만방국제학교를 대표하는 또 하나의 시스템은 '바인더'예요. 스터디 플래너와 비슷한 개념인데, 스스로 계획을 세우고 실행여부를 체크하여 보완점까지 정리해요. 이를 반복하다 보면 저절로 자기주도학습이 되는 셈이지요."

바인더를 하나하나 펼쳐 자랑하는 최현 교장의 목소리에는 애정이 듬뿍 담겨 있다. 바인더 곳곳에 정성스레 손글씨로 작성된 교사의 코멘트가 보인다. 교사들의 사랑이 눈에 보여 차마 반항할 수 없다는 아이들의 이야기가 이제야 이해가 간다. 자신을 좋아하는 사람은 그 누구보다도 먼저 알아보는 게 아이들이 아니던가. 우리가 아이들에게 주어야 할 것은 다름 아닌 관심과 사랑이라는 것을 새삼 깨닫는다.

관심과 사랑에 둘러싸인 아이들은 공부뿐만 아니라 다양한 활동에서도 두각을 나타낸다. 중국 전역에서 모이는 합창대회에서 당당히 1등의 영예를 거머쥐기도 하고, 교내 스피치대회에서는 각 주제에 대한 프로젝트 활동을 통해 정형화된 답이 아닌 기상천외한 연구들이 쏟아져 나온다. 창의력은 주입식 교육만으론 한계가 있다. 창의성이 발휘될 수 있는 환경을 만들어 줄 때 길러지는 법이다.

"창의성을 주입시키는 한국 교육과는 다르게 학생들이 스스로에게 한계를 두지 않도록 팀별 프로젝트를 수행하는 수업이 많아요. 토론이나 발표대회를 통해 창의성을 표현할 기회를 수없이 제공하고 있죠. 아이들의 목표는 대학에 머물지 않아요. 한국의 문화를 바꾸고 나아가 세계 곳곳에 제2, 제3의 만방국제학교를 세우기를 희망하는 제자들이 있기에 만방국제학교의 미래는 든든합니다."

만방국제학교 방명록에 남긴 기자의 한 마디

만방국제학교에는 있는 것과 없는 것이 있다. 선후배 관계가 없는 대신 '가지'가 있다. 학생들은 가지를 친구 이상의 친구 관계를 만드는 공동체라고 정의한다. 또 휴대폰이 없는 대신 매일 '감사일기'를 쓴다. 타국에 있는 부모에게 마음을 담아 쓴 매주 한 통의 손편지는 부모라면 그 어떤 것보다 값진 선물일 게다. 마지막으로 거짓말과 가식이 없고 '순수함'이 있다. 세상의 기준과 가치에 맞추느라 어느새 뒷전으로 밀려난 동심 말이다. 한자리에 모인 수십 명의 학생들에게 저마다 다른 꿈을 들을 수 있다는 것, 누군가의 말에 온전히 공감하고 존중의 눈빛을 보낼 수 있다는 것. 이것만으로도 만방국제학교의 교육이 어떠한 파워를 가지는지 충분히 가늠할 수 있으리라.

Part 1

THE FOREST OF WISDOM

위즈덤 포레스트

만방교육의 시크릿 가든

Part 1

THE FOREST OF WISDOM

위즈덤 포레스트

만방교육의 시크릿 가든

만방은 빨대 인간이 아니라 깃발 인재를 기른다

근래 들어 '4차 산업혁명'이라는 말이 전 세계적으로 회자되고 있습니다. 4차 산업혁명은 기존 산업혁명에 비해 더 넓은 범위에 더 빠른 속도로 혁신적인 변화를 가져오게 되며, 이는 우리가 예측 불가능한 미래와 마주하고 있다는 뜻이기도 합니다. '예측 불가능하다'는 것은 사람들에게 불안과 두려움을 주기에 충분합니다. 따라서 '산업혁명'이라는 말보다 '산업재해'라는 말이 더 적합할 수도 있을 것입니다. 혁명은 희망적이지만 재해는 절망적이기 때문입니다.

세상은 이러한 두려움을 자극하여 사람들 사이에 불안감이 더욱 만연해지도록 만들고, 그들로 하여금 적자생존의 세계관을 따라 살도록 부추깁니다. 이러한 세계관이 우리 삶을 지배하고 있다는 증거는 '생존' 혹은 '살아남기'라는 단어가 우리 삶 깊은 곳까지 침투한 것을 보면 알 수 있습니다.

'생존' 뒤에는 '두려움'이라는 짙은 그림자가 숨어 있습니다. 우리 청소년들은 그 두려움 때문에 열심히 공부하며 경쟁에서 뒤처지지 않으려고 안간힘을 쏟고 있는지도 모릅니다. 이러한 세계관을 갖고 살며 쫓기듯 공부한 사람들의 목표는 대부분 '안정된 직장 구하기'에만 머물러 있습니다. 두려움을 벗어나 안정된 삶을 살고자 하는 바람이 있기 때문입니다. 이러한 사람들은 목표를 이루고 나면 아마도 '휴~'하고 안도의 한숨을 쉬겠지만, 늘 두려움으로 미래를 준비하며 피곤한 인생을 살다가 결국 생존에만 급급한 나머지 '빨대 인간'이 되어 갑니다. 저는 안정적인 직장이나 수입원에 빨대 꽂는 기술만 가지고 있는 사람을 일컬어 '빨대 인간'이라고 부르곤 합니다. 이런 사람에게는 공부도 결국 빨대 꽂는 기술을 연마하는 것일 뿐입니다.

인생에 대해 좀 더 깊이 관찰하다 보면, 삶은 희망이고 기쁨임을 발견하게 됩니다. 같은 처지, 같은 상황을 만나더라도 '생존'이나 '살아남기'에 집중하기보다는 '어떻게 돌파할 것인가', '어떻게 뛰어넘을 것인가'를 고민하고 미래의 희망을 보며 문제를 해결해 나갈 때 삶은 곧 희망이자 기쁨이 됩니다. 우리 학생들에게 반복하여 강조하는 것이 바로 인생은 '살아남기'가 아니라 '뛰어넘기'라는 것입니다. 이러한 세계관을 가진 사람은 도전과 돌파의 사람으로 성장할 뿐만 아니라 사람들에게 희망을 안겨줄 수 있는 리더로 자라납니다. 바람만 휭휭 부는 황무지 위에 있다 하더라도 움츠러들기보다는 그 자리에 깃발을 꽂고 무언가를 이루어 내는 사람, 바로 이런 사람을 '만방인'이라 일컫고 싶습니다.

인생은 '살아남기'가 아니라 '뛰어넘기'입니다. 우리 만방 학생들이 '빨대 인간'이 아니라 '깃발 인재'로 성장하여 수많은 사람들을 살리고 희망을 주며 세상을 바꾸어 나가는, 섬기는 리더로 성장해 가기를 기대합니다.

만방의 인재 모델, 다윗

인재를 채용할 때 다른 사람들의 추천서는 매우 중요합니다. 성경 속 인물인 다윗도 예외는 아니었습니다. 다윗은 만방학교가 추구하는 인재상과 정확하게 부합하고 있습니다.

젊은 신하 가운데 한 사람이 대답하였다. "제가 베들레헴 사람 이새에게 그런 아들이 있는 것을 보았습니다. 그는 수금을 잘 탈 뿐만 아니라, 용사이며, 용감한 군인이며, 말도 잘하고, 외모도 좋은 사람인데다가, 주께서 그와 함께 계십니다." (사무엘상 16:18)

One of the servants answered, "I have seen a son of Jesse of Bethlehem who knows how to play the harp. He is a brave man and a warrior. He speaks well and is a fine-looking man. And the LORD is with him."

다윗의 특성 01

He plays the harp

그는 수금을 잘 탄다

수금을 잘 탄다는 것은 특기 혹은 달란트를 발휘한다는 것입니다. 만방은 학생 한 명 한 명 안에 있는 모든 끼를 발산하도록 도와줍니다. 노래면 노래, 악기면 악기, 춤이면 춤, 미술이면 미술, 축구면 축구 등. 하나님은 우리에게 주신 달란트를 극대화시키길 원하십니다. 하나님은 다윗의 달란트를 활용하여 사울 왕의 병을 고치게 하셨는데, 이는 다시 말해 그의 달란트가 국가적인 인재로 발탁될 수 있는 계기가 되었다는 것입니다. 만방은 아이들에게 이렇게 강조합니다. "사회는 더 이상 지적 능력만을 요구하지 않는다. 달란트도 실력이다."

"Maximize your talent!" 너의 재능을 극대화시켜라!

다윗의 특성 02

He is brave

그는 용감하다

다윗은 아버지의 양떼를 돌봐야 했습니다. 그런데 때때로 사자나 곰이 양을 물어가곤 했습니다. 그럼에도 다윗은 자기의 양을 절대로 포기하지 않았습니다. 끝까지 쫓아가서 사자나 곰과 싸워 양을 되찾아 왔습니다. 이처럼 다윗은 자기 일에 대한 열정과 책임감이 있는 집념이 강한 적극적인 사람이었습니다.

우리 자녀들을 공격하는 맹수들이 있습니다. 낮은 성적이라는 사자, 인간관계라는 곰, 열등감이라는 늑대, 게임 중독이라는 여우가 늘 아이들을 공격해 옵니다. 이들과 반드시 싸워서 이겨야 합니다. 만방은 이 모든 맹수들과 싸워 이기는 용기 있는 인재를 기르는 데 헌신합니다.

"Be passionate!" 열정적으로!

다윗의 특성 03

He is a warrior

그는 군사이다

다윗은 군사라는 전문가였습니다. 골리앗과의 싸움은 세상에서 가장 유명한 이야기가 되었습니다. 그 당시 전쟁의 대세는 칼과 방패였지만 다윗은 자기만의 방법을 썼습니다. 바로 물맷돌 방식이었지요. 물맷돌이 우습게 여겨지나요? 물리적으로 원운동 공식으로 계산해보면, 물맷돌은 시속 200킬로미터도 나올 수 있는 비장의 무기였습니다. 그리고 다윗은 맹수들과의 싸움에서 숱한 경험을 통해 이미 높은 정확도를 가지고 있었습니다. 한마디로 골리앗과의 결전을 위해 하나님께서 다윗을 미리 훈련시키신 것입니다.

여기서 물맷돌은 전문가가 지닌 자신만의 탁월한 무기입니다. 하나님의 자녀들은 자기만의 물맷돌을 갈고닦아야 합니다. 절대로 세상의 대세를 따라가면 안 됩니다. 한국은 영어만 잘하면 출세할 거라는 골리앗식 사고방식에 빠져 있으며, 사교육 광풍 속에서 너도나도 자녀들에게 주입식 공부만을 권하고 있습니다. 그러나 영어와 중국어 교육, 자기주도적 공부습관이 바로 만방의 물맷돌입니다. 만방은 다윗식의 물맷돌 방식을 지향합니다. 그것이 세상을 이기는 방법이니까요.

"Be an excellent expert!" 탁월한 전문가가 되어라!

다윗의 특성 04

He speaks well

그는 구변이 좋다

다윗이 구변이 좋았다는 것은 단순히 말을 잘했다는 것이 아닙니다. 그는 설득의 달인이었습니다. 어떻게 알 수 있을까요? 생각해보십시오. 한 나라의 운명이 골리앗과 싸우는 자에게 달려 있었습니다. 그런데 전투 경험도 많지 않았던 다윗에게 국운을 맡긴다는 것은 미친 짓과도 같았을 것입니다. 골리앗이라는 거대한 바람 앞에 다윗이라는 촛불이라고 생각해보십시오. 이는 마치 한 마리의 모기가 코끼리 머리에 올라타서 '코끼리를 콱 밟아죽이겠다'는 것과 같은 상황입니다. 그러나 다윗은 사울왕을 설득하기 시작합니다.

"왕께서 사기를 잃으시면 안 됩니다. 제가 나가서 싸우겠습니다. 저는 양들을 돌보며 사자, 곰과 같은 맹수들과 무수히 싸웠습니다. 그리고 그때마다 제가 이겨서 물어간 양들을 되찾아 왔습니다. 하나님이 저를 건져주신 겁니다. 이처럼 저를 숱하게 건져주신 하나님께서 저 블레셋 사람과 싸워도 역시 건져주실 것입니다."

다윗은 자기의 실력과 강한 확신 그리고 하나님이 함께하셨던 경험을 비장하고 결연하게 잘 설명했습니다. 결국 사울 왕은 마음을 돌려 그를 출전시키기로 한 것입니다.

하나님의 자녀는 설득력을 지녀야 합니다. 이는 책을 많이 읽어야 하는 이유입니다. 만방의 아이들은 생각할 줄 알고 글을 쓸 줄 알며 논리를 세우고 패배의식에 젖어 있는 사람을 설득하는 능력의 소유자이자 소통의 달인입니다.

"Be persuasive! Be communicative!" 설득력 있게! 소통하라!

다윗의 특성 05

He is a fine-looking man

그는 외모가 좋은 사람이다

얼짱보다 중요한 것은 좋은 인상과 밝은 표정입니다. 얼굴만 예쁘면 뭐합니까? 날마다 수심이 가득 차고 우울한 표정이라면 친구들에게 행복을 전하지 못할 것입니다. 제가 신입사원을 뽑는 사장이라면 반드시 그 사람의 표정을 보겠습니다. 함께 있기만 해도 신나고 기분이 좋아지는 사람이라면 회사를 위해 큰 이익을 가져다줄 사람이기 때문입니다.

만방의 아이들은 만방학교에 있는 동안 부정적 사고방식, 찡그린 인상, 무뚝뚝한 표정 등을 날려버리려고 합니다. 주변을 환하게 비춰주는 빛나는 표정, 바로 만방인의 fine-looking face입니다.

"Shine like the sun!" 해같이 빛나라!

다윗의 특성 06

The Lord is with him

주께서 그와 함께 계신다

하나님이 함께하심을 어릴 때부터 경험하는 것은 인생의 큰 자산입니다. 이러한 사람은 모든 면에서 당당합니다. 쭈뼛거리지 않는 담대함이 있습니다. 전능하신 하나님께서 함께하시는데 무엇을 못하겠으며, 어딘들 못가겠습니까. 불가능에 도전하고 푯대를 향해서 달려가는 분명한 삶의 목표가 생깁니다.

다윗이 쓴 시편이 얼마나 많습니까. 그것은 바로 다윗이 '함께하신 하나님'을 찬양하는 내용들입니다. 많은 사람들에게 은혜를 주고 있는 시편 23편 역시 다윗이 청소년기에 양들을 보면서 지은 시입니다. 우리 아이들은 만방에서 날마다 하나님을 경험하고 있습니다.

"Experience God beyond your ability!" 너의 능력을 넘어서는 하나님을 경험하라!

만방 지수

Manbang Quotients, MQ

인격 형성은 대부분 유년기에 결정된다고 합니다. 따라서 청소년기에 사람을 바꾸는 것은 쉽지 않습니다. 그러나 만방에서는 특별한 분의 은혜가 넘치는 경험을 통해 아이들이 변화합니다. 만방은 학생들에게 심어주고 싶은 만방지수가 있습니다. 이는 성경 속에 담겨 있으며 만방교육의 기반으로 그 가르침을 만방의 교과 과정에 모두 스며들게 하였습니다.

첫째, 영성 지수Spiritual Quotient입니다.

우선순위는 매우 중요합니다. 신앙, 인격 그리고 학문의 순서를 가져야 함에도 불구하고 출세지향사회에서는 거꾸로 가고 있습니다. 심지어 크리스천이라고 하면서 생각하고 말하고 행동하는 것들이 세상적 가치관으로 뒤범벅되는 것을 허용하고 싶지 않습니다.

둘째, 공동체 지수Community Quotient입니다.

만방인에게는 타인을 배려하고 존중하는 사회를 만들어야 하는 책임이 있습니다. 생활관은 서로 다름을 인정하고, 내가 불편해도 참을 줄 알고 남을 먼저 생각하게 하는 인생 훈련의 장입니다.

셋째, 도덕 지수Integrity Quotient입니다.

'정직'이 강한 경쟁력임을 가르칩니다. 정직과 더불어 효도와 나라 사랑을 가르칩니다. 나라와 부모를 위해서 기도하는 시간을 갖습니다. 안중근 의사를 떼어 놓고는 결코 생각할 수 없는 하얼빈은 애국 교육에 매우 좋은 교육 장소입니다.

넷째, 심력 지수Perseverance Quotient입니다.

강한 의지를 가진 인내와 도전의 사람을 만듭니다. 자기가 스스로 할 수 있는 힘을 기릅니다. 꿈이 생각으로만 머물러 있으면 아무 일도 이루어지지 않지만 도전하면 엄청난 일이 벌어질 것입니다.

다섯째, 감성 지수Emotional Quotient입니다.

뜨거운 가슴의 소유자로 만듭니다. 예능과 인문학 교육은 지적 교육과 더불어 균형 잡힌 인재를 만드는 필수 요소입니다. 지도자의 특성 가운데 하나가 높은 EQ를 보인다는 것을 잘 아실 것입니다.

여섯째, 지력 지수Intelligence Quotient입니다.

언어의 능력, 논리의 능력, 창의성 등을 기릅니다. 공부는 자기 인생에 대한 기본적인 예의라고 할 수 있습니다. 즉, 성적의 고저를 떠나 공부에 최선을 다하지 않는다면 스스로에게 성실하지 않다는 것입니다. 만방학교는 지적인 사람을 넘어서는 지혜의 사람을 만들기 위해 노력을 다합니다.

일곱째, 체력 지수Physical Quotient입니다.

만방은 운동을 중요시합니다. 적당한 운동은 뇌를 활성화시켜 공부에도 큰 도움을 주며, 이는 자신감과 인간관계와 리더십과도 깊은 관련이 있습니다.

만방의 모든 학생들이 MQ만방지수를 높이는 데 최선을 다하는 충성된 학생들이 되기를 바랍니다.

뇌를 깨우는 만방교육

인지능력 향상, 즉 공부하는 데 있어서도 뇌 과학이 눈부시게 발전해왔습니다. 이제 '무조건 공부하는' 시대는 지났다는 말입니다. 막무가내로 뇌를 혹사시키는 공부는 뇌를 지치게 하고, 화나게 하며, 때론 지루하게 만듭니다.

뇌 과학 입장에서 공부란 무엇일까요? 공부란 외부로부터의 자극을 통해 뇌의 신경회로망을 만들어 가는 과정이라고 할 수 있습니다. 그렇다면 우리는 자녀들의 뇌 신경기능 향상을 위한 환경을 만들어 주어야 합니다.

첫째, 운동을 해야 합니다. 운동을 통해 학생들의 성적이 향상된 실험 결과는 각국의 전문가들이 잇달아 발표하고 있습니다. 운동은 피의 순환을 도와 뇌로의 산소 공급을 원활하게 할 뿐만 아니라 도파민 등의 쾌감을 주는 신경호르몬을 분비해주어 스트레스를 날려줍니다. 만방에서 운동을 중요시하는 이유입니다.

둘째, 아침을 꼬박꼬박 먹어야 합니다. 뇌는 우리가 잠을 자는 동안에도 에너지를 소비합니다. 주요 에너지원인 포도당은 우리가 깨어나는 시간이면 대부분 고갈됩니다. 따라서 반드시 아침식사를 통하여 뇌에 영양을 공급해야 합니다. 아침을 자주 거르는 학생들을 보면 대부분 공부를 잘 못한다는 것을 발견하게 됩니다. 만방에서 아침식사를 강조하는 이유입니다.

셋째, 낮잠을 자야 합니다. 일본에서 낮잠을 자면 성적이 오른다는 실험 결과를 발표한 적이 있습니다. 오전에 공부한 내용을 낮잠 자는 동안에 정리하고 식곤증도 없애주는 효과로 인해 산뜻하게 다시 오후 공부에 임할 수 있다고 합니다. 만방에서 낮잠 자는 시간을 만든 이유입니다.

넷째, 사랑의 분위기가 되어야 합니다. 사람이 편안함과 사랑을 느끼면 스트레스 호르몬인 코르티솔 분비가 억제되면서 세로토닌이라는 행복 호르몬이 분비됩니다. 요즈음 한국 대부분의 학교는 스트레스로 충만한 데다, 선배가 후배를 괴롭히는 경우가 비일비재합니다. 만방에서 선후배의 개념을 완전히 바꾼 이유입니다. 만방에서의 선배는 후배를 돕는 자입니다. 후배에게 욕을 하거나 심부름을 시키고 때리는 등의 선배 문화는 절대로 찾아볼 수 없지요. 또한 선생님들은 늘 학생들과 친근하게 지내면서 사랑의 관계를 만듭니다. 만방의 교정에서는 세로토닌의 분비가 왕성합니다.

다섯째, 뇌를 적당히 긴장시키고 이완해줍니다. 만방에서 Weekly Test를 실시하는 이유가 있습니다. 뇌가 긴장하면 공부 효과가 좋아지기 때문입니다. 벼락치기의 효과가 좋은 것을 경험했을 것입니다. 이는 극도의 뇌 긴장 때문입니다. 하지만 위기감 같은 극도의 긴장은 결국 뇌를 손상시킵니다. 따라서 적당하게, 즉 일주일 간격으로 긴장시키고 토요일과 주일에는 자유 시간을 만끽하게 합니다. 이때 역시 성취감과 행복감의 도파민, 세로토닌의 분비가 증가됩니다.

여섯째, 건강한 식습관입니다. 식습관이 좋다는 것은 자기관리를 잘한다는 의미이기도 합니다. 영양학적으로도 장과 뇌를 건강하게 하면 생기가 넘치고 집중력을 높여줍니다. 패스트푸드를 많이 먹었던 학생들을 보면 대부분 자기관리에 소홀하고 게으르며 학습력이 떨어집니다. 식습관을 바로 잡는 것은 공부의 시작인 셈입니다.

만방의 교육은 뇌의 기능을 활성화시키는 데 많은 노력을 기울입니다. 위의 여섯 가지는 극히 일부에 지나지 않습니다. 만방은 새로운 프로그램들을 만들어 가고 있습니다. 매너리즘에 빠진 교육은 사라져야 합니다. 대학 입시만을 위한 뇌 혹사 프로그램은 지양되어야 합니다. 뇌를 행복하게 만들어 줄 때, 공부의 능력은 극대화됩니다. 이것이 바로 만방 졸업생들의 명문대 입학률이 높아진 이유입니다.

자녀를 둔 부모님들에게 당부드립니다. 자녀들에게 편지를 쓰십시오. 사랑의 관계를 날마다 발전시키십시오. 사랑의 분위기에서 자라난 아이들은 뇌의 신경 기능이 매우 향상되어 있습니다.

또 하나의 공부, 인간관계의 훈련

직장 생활에서 가장 힘든 것은 무엇일까요? 조사 결과를 보면 가장 높은 비율을 차지하는 것이 다름 아닌 '어려운 인간관계'입니다. 왜 그럴까요? 그것은 나를 알지 못할 뿐만 아니라, 남을 알지 못하기 때문입니다.

민족마다 문화 차이가 있듯이, 사람마다 기질이나 행동 패턴의 차이가 있습니다. 그래서 히포크라테스로부터 시작된 아이디어가 발전하여 사람의 기질을 담즙질, 다혈질, 점액질, 우울질의 네 가지로 분류하여 서로 다름을 이해하려 했습니다. 이러한 분류는 사람을 단정짓는 함정이 있지만, 그것만 피한다면 나 자신과 다른 사람을 이해하는 데 크게 도움이 됩니다. 적어도 사람을 판단하고 정죄하는 일은 피할 수 있지요. '재는 왜 저래?'라는 의문에 답을 얻을 수도 있습니다.

만방의 학생들에게 물어보면, 생활관에서의 인간관계를 가장 좋아하지만 한편으로는 가장 힘든 부분이라고 말합니다. 서로 배려하고 사랑하는 분위기라 해도 남이 나를 이해해주지 못하는 것이 속상할 때가 있습니다. 모두 인간관계의 기술을 더 배워야 하는 부분입니다.

만방에는 인간관계 훈련의 장이 있습니다. 바로 생활관입니다. 우리는 한 방에서 6명이 살아가게 되어 있고, 절대로 1, 2인실을 두지 않습니다. 그 이유는 바로 인간관계 훈련, 즉 공동체 훈련을 위해서입니다. 이곳에서 서로 지지고 볶는 시간을 갖다보면 때로는 오해하고 서로 질투하고 미워하며 뒷담화도 하게 되는 등 수많은 인간관계의 삐걱거림, 즉 갈등relational conflict이 형성됩니다. 우리 선생님들은 아이들의 갈등을 때때로 먼발치에서 지켜볼 때가 있습니다. 이 갈등을 겪지 않으면 참다운 인간관계, 참다운 공동체가 만들어지지 않기 때문입니다.

이론적으로는 '남을 사랑하라'는 것을 잘 알고 있습니다. 그런데 아이러니하게도 관계의 갈등을 겪었을 때야 비로소 그 사랑의 가치를 발견하곤 합니다. 갈등이 길어지다 보면 힘들어하며 울어도 보고, 짜증을 내거나 부모님께 전화로 투정을 부리기도 하고, 기도도 해보다가 결국은 본인이 바뀌어야 한다는 것을 발견하기 때문입니다.

세계적인 베스트셀러 작가 존 맥스웰의 책, 『인간관계 맺는 기술』에 있는 말을 인용해봅니다.

"관계 맺기란 결코 나에 관한 것이 아니다. 내가 소통하는 사람에 관한 것이다. 마찬가지로 당신이 관계를 맺으려고 할 때 그것은 당신에 관한 것이 아니라 상대방에 관한 것이다. 관계 맺기를 원한다면 먼저 자기 자신을 극복해야 한다. 안에서 밖으로, 당신에서 다른 사람들로 초점을 바꿔야 한다."

바로 이것입니다. 우리 학생들에게 가르쳐주고 싶은 인간관계의 기술, 초점 바꾸기! 오늘날 우리 자녀들이 관계를 맺는 것에 날로 미숙해져만 갑니다. 바로 이기심만 북돋아온 가정과 사회 분위기로 형성된 자기 자신만을 생각하는 강한 자아 때문입니다. 우리는 더 늦기 전에 초점을 바꾸는 훈련을 아이들에게 제공하고자 합니다. 행복한 생활, 성공 요인은 학벌만이 아니기 때문입니다.

인간관계 능력이 뛰어난 사람이 성공하는 인생이 되고 리더가 되는 법입니다. 자녀가 성공하길 원하십니까? 리더십이 있는 자녀로 기르고 싶으십니까? 그렇다면 인간관계의 성장통을 겪게 하십시오. 하드 타임을 통해 폭풍 성장하는 자녀를 보게 될 것입니다.

다문화 글로벌 서번트 리더들

Multicultural Global Servant Leaders

많은 기독교 학교들이 교육에 대해 말할 때, 다음 구절을 인용하여 예수님을 모델로 삼습니다.

"예수는 지혜와 키가 자라가며 하나님과 사람에게 더욱 사랑스러워 가시더라"(누가복음 2:52)

정말 우리 맘에 딱 와닿는 말씀입니다. 몸짱, 머리짱, 영성짱, 인기짱의 자녀가 되는데 누가 싫어하겠습니까. 부모로서 자기 자식이 그야말로 4짱의 인생이 되는데 말입니다. 그런데 한번 생각해봅시다. 마음속 깊은 곳에 어떤 동기가 있는지, 신앙도 좋고 공부도 잘해서 세상에서 성공한 인생이 되기를 바라는 것은 아닌지. 곰곰이 생각해보면 이것만으로는 좀 부족한 것 같지는 않나요?

만방학교는 단순히 4짱의 인재를 기르는 것에 만족하지 않습니다. 진짜 예수님을 닮은 사람으로 만들고자 노력합니다. 그렇다면 예수님이 어떤 분이셨는지를 알고, 교육 목표를 설정해야 합니다.

첫째, 예수님은 Multicultural다문화적이셨습니다.

예수님은 원래 인간의 문화가 아닌 신성한 문화만 가지고 계신 분이셨습니다. 그러나 우리의 죄악으로 인해 친히 인간의 문화로 내려오기로 하신, 성육신 사건을 잘 알 것입니다. 그뿐만이 아닙니다. 예수님은 주로 대화하실 때 아람어를 사용하셨는데, 아람어만 하신 것이 아닙니다. 십자가에 쓰인 '유대인의 왕'은 그리스어, 라틴어, 히브리어로 쓰여 있습니다. 예수님은 십자가 은혜의 메시지를 모든 언어 문화권의 사람들에게 전달하신 것입니다.

만방의 자녀들은 우선 한국어를 잘해야 하고 중국어와 영어도 잘해야 할 뿐만 아니라 타문화권의 사람들을 진정으로 이해하고 사랑할 줄 아는 사람들로 자라나야 합니다.

둘째, 예수님은 Global Vision세계적인 비전을 갖고 계셨습니다.

"오직 성령이 너희에게 임하시면 너희가 권능을 받고 예루살렘과 온 유대와 사마리아와 땅 끝까지 이르러 내 증인이 되리라"(사도행전 1:8)

예수님은 온 세상 사람들, 즉 하나님과 관계가 멀어진 지구상의 모든 사람들에게 'Union with God'하나님과의 연합의 축복을 주려 하셨습니다. 마찬가지로 우리 자녀들도 당연히 글로벌 비전의 사람으로 키워야 합니다. 나와 내 가족만 아는 폭 좁은 사람이 아니라 타 인종과도 하나 될 수 있는 진정한 하나님의 사람으로 길러야 하는 이유가 있습니다.

셋째, 예수님은 Servant섬기는 자로 오셨습니다.

"인자가 온 것은 섬김을 받으려 함이 아니라 도리어 섬기려 하고 자기 목숨을 많은 사람들의 대속물로 주려 함이니라"(마가복음 10:45)

우리 역시도 자기 이름을 높이고 떵떵거리며 소위 성공했다는 소리를 들어가며 사는 것이 인생의 진정한 목적이 아닙니다. 섬기는 마음이 없는 사람은 온통 자기 자신만을 생각합니다. 그러면 짜증과 불평과 두려움과 불안과 초조함이 가득한 인생을 사는 것입니다. 섬기는 자가 되는 순간부터 인생이 풍요로워집니다. 이것이 바로 패러독스적paradoxical 비밀입니다.

예수님은 철저히 Multicultural하게, Global Vision을 가지고, Servant로 사셨습니다. 우리 자녀들은 부모의 이기적인 욕구나 채워주는 소유물이 아니라 하나님의 자녀입니다. 우리 아이들이 만방에 온 이유가 분명해집니다. 자녀들이 타 문화를 이해하며 포용하고, 글로벌 비전을 가지며 4짱의 능력을 기르고, 섬기는 자로서 세상을 살아가는 것. 이것이 바로 모든 부모님들의 소원이 되길 바랍니다.

예수님처럼 이 세 가지를 갖게 되면 리더십Leadership은 자동적으로 갖춰집니다. Leader에 초점이 맞춰지면 안 되는 이유입니다. 우리 자녀들이 예수 같은 사람이 아니라 또 다른 예수가 되도록 함께 노력하길 바랍니다.

만방의 디톡스 프로세스

우리 몸의 소화기관인 장에는 유익균과 유해균이 공존합니다. 유익균과 유해균은 서로 적이 되어 싸우는 것이 아니라 외부로부터 들어오는 각각 다른 종류의 먹이를 먹고 삽니다. 장 내에 유익균보다 유해균이 더 많아지면 건강뿐 아니라 두뇌에도 안 좋은 영향을 끼치게 되는데, 유해균이 많은 사람들은 장을 해독해줘야 면역력도 향상되고 두뇌 활동 또한 더욱 활발해집니다. 이러한 변화의 과정을 '해독', 즉 '디톡스'detox라고 부릅니다.

마찬가지로, 우리의 마음에도 선한 캐릭터와 나쁜 캐릭터가 공존합니다. 선을 더욱 풍성하게 하는 방법은 외부에서 좋은 것something good을 공급받는 것입니다. 성경은 에베소서 5장 18절에서 "오직 성령으로 충만함을 받으라"Be filled with the Holy Spirit라고 기록하고 있습니다. 그러할 때 우리 내면은 선한 것으로 충만해지고 자연스럽게 밖으로 표출되어 선한 인격으로 자리잡게 됩니다.

재학생들에 비해 신입생들은 욕설, 비교의식, 열등감, 타인의식 등 나쁜 캐릭터들을 비교적 많이 가지고 있습니다. 물론 재학생들도 여전히 고쳐 나가야 할 또 다른 나쁜 캐릭터들을 소유하고 있습니다. 학생들에게 남아 있는 나쁜 캐릭터를 선한 것으로 변화시키기 위해서는 마음의 해독 과정Detox Process이 필요합니다. 이와 관련하여 성경은 네 가지의 해독 과정을 말해주고 있습니다.

"모든 성경은 하나님의 감동으로 된 것으로 교훈과 책망과 바르게 함과 의로 교육하기에 유익하니 이는 하나님의 사람으로 온전하게 하며 모든 선한 일을 행할 능력을 갖추게 하려 함이라"(디모데후서 3:16-17)

"All Scripture is God-breathed and is useful for teaching, rebuking, correcting and training in righteousness, so that the man of God may be thoroughly equipped for every good work"(2 Timothy 3:16-17)

만방은 파워를 기르는 곳, 즉 파워나지움Powernasium입니다. 모든 선한 일을 행할 능력을 갖추도록 돕는 곳이지요. 우리의 디톡스 과정은 바로 디모데후서 3장 16절에서 언급되었듯이 가르침teaching과 책망rebuking과 바르게 함correcting과 훈련training입니다. 가르침만으로는 절대로 마음을 온전히 디톡스할 수 없습니다.

만방의 교사들은 성경에 기초하여 이 네 가지의 방법으로 학생들의 마음을 해독하여 선한 능력을 길러주고 있습니다. 그래서 때로는 힘들고 어렵습니다. 혹독할 때도 있습니다. 그러나 아래의 한 학생의 고백과 같이 '훈련'과 '행복'이 어우러질 것입니다.

"만방에 오고 싶다고 난리치던 날이 아직도 생생한데, 벌써 1년이 지났다. 만방에서 참 많이 깨지고, 꽁꽁 숨겨놓은 것들도 우수수 드러났다. 처음에는 내 모든 것들을 다 통제하며 꾹꾹 밀어 넣고 숨겨놓았던 겉모습의 가면이 깨지면서, 그 안의 연약한 모습들과 진짜 내 모습들이 드러났고 반성하며 고치는 시간을 보냈다. 첫 번째 학기는 바로 그 가면 안의 모습을 드러내는 시간이었고 드러남의 고통이 정말 힘든 시간이었다. 두 번째 학기에 가장 고민하고 성장하고자 노력한 것은 '섬김'과 '사랑'이었다. 책임감과 섬기는 마음은 공동체 한 사람 한 사람을 사랑하는 마음에서 나온다는 것을 알게 된 후 먼저 사랑으로 다가가려고 노력했다.
1년의 기간을 하나하나 쪼개어 볼 때, 당시에는 항상 고난이었지만 좀 더 멀리 서서 큰 흐름을 보니 정말 은혜롭고 즐겁고 행복한 시간이었다. 다음 학기에는 또 다른 고침과 훈련이 기다리고 있겠지만 숨겨진 잠재력들을 찾아 나서며 매 순간 순간을 즐기고 싶다. 만방에 오게 된 것은 내 인생에 있어서 축복이다. 훈련과 행복을 동시에 느낄 수 있는 이곳에서 적극적으로 살아갈 것이다."

건강한 음식의 맛

지난 국경절 연휴 귀가 전에 우리 학생들을 교육하면서 학생들 스스로 라면과 육가공식품을 가져오지 않겠다고 결심하는 시간을 가졌고, 만약 가지고 온다면 모두 버리자고 약속을 했습니다. 우리 학생들의 건강을 위해 가장 먼저 우선되어야 할 것이 음식이기 때문에 선생님들은 건강한 음식을 지속적으로 교육하고 있고, 이에 반응하는 우리 학생들의 마음이 귀하게 생각되었습니다. 학생들이 귀교한 후, 처음으로 짐 검사를 하였습니다. 약속을 지켰는지, 선생님들의 교육을 마음으로 받아들이고 따르려고 하는지 학생들의 마음을 알고 싶었기 때문입니다. 그러나 일부 학생들이 가공식품의 유혹을 참지 못하고 라면과 과자, 육가공품 등을 많이 가지고 왔습니다.

귀교 후 학생들과 함께 모여 수거한 라면과 육가공식품을 모두 쓰레기통에 버리며 왜 이런 것을 먹지 말아야 하는지에 대해 교육하였고, 다시 한 번 결단의 시간을 가졌습니다.

학교에서 가공식품, 특히 라면과 육가공식품을 먹지 않도록 꾸준히 교육하고 있는 이유가 있습니다. 소중한 우리 학생들을 건강하게 키우겠다는 선생님들이 건강에 해로운 음식인줄 알면서도 학생들이 그것들을 자유롭게 먹도록 방관할 수는 없기 때문입니다. 세상의 모든 것을 얻어도 정신적, 육체적 건강을 잃으면 모든 것을 잃은 것이나 다름없습니다.

물론 건강에 해로운 가공식품을 완전히 먹지 않고 살 수는 없습니다. 또한 조금 먹었다고 해서 당장 무슨 일이 크게 일어나는 것도 아닙니다. 그러나 먹을 것 중에는 건강에 좋은 음식과 좋지 않은 음식이 있고, 이것을 구분하여 먹을 수 있는 분별력과 자제력을 키우는 것은 매우 중요합니다. 단순히 나쁜 음식을 먹고 안 먹고의 문제가 아니라 삶의 모든 영역에서 분별력과 자제력을 키워 스스로를 관리하는 능력을 기르는 것은 삶의 모든 방면에 영향을 미치기 때문입니다.

그래서 만방에서는 음식에 관련된 많은 정보들을 지적으로 알도록 교육함과 동시에, 학생들과 교직원들을 위해 철저한 원칙 아래 건강한 식재료를 만들어 준비하며 매우 정성껏 요리하고 있습니다.

1. 식당은 외주를 주지 않고 학교에서 직접 운영합니다.
2. 식품 공장에서 가공한 것을 절대로 사용하지 않습니다. 돈가스, 닭다리 등 모든 식자재는 가공하지 않은 원자재를 구입하여 직접 조리하고 있습니다.
3. 쌀, 채소 등 기본 식자재는 모두 현지에서 생산된 것을 사용합니다.
4. 된장, 고추장도 직접 콩과 고추를 골라 메주를 띄우고, 발효하여 사용합니다.
5. 기본양념들, 예를 들어 깐 마늘을 구입하여 사용하지 않고 통마늘의 껍질을 직접 벗겨서 사용합니다.
6. 모든 김치, 무말랭이, 무청, 시래기 등등의 기본 반찬류는 원자재를 직접 말리고 절여서 사용합니다.
7. 샐러드의 드레싱 소스인 요구르트는 100% 우유만을 사용하여 매일

직접 만들어 사용합니다. 다른 샐러드 드레싱 소스도 직접 만듭니다.

8. 중국 만두, 빠오즈 등 밀가루 발효 음식도 직접 만듭니다.

학생들에게 가공식품을 먹지 않도록 교육하는 것보다 더 중요한 것은 정성이 들어간 건강한 음식을 먹게 하는 것입니다. 우리 학생들이 건강한 음식 맛에 익숙해진다면 스스로 좋은 음식을 선택할 수 있기 때문입니다.

부모님들께서 참고하실 수 있도록 학생들에게 교육한 자료를 공유해드립니다. 아래 자료들을 참고하셔서 우리 학생들의 건강한 식습관과 학부모님들의 건강을 위해 먼저 바른 먹거리의 식단을 즐기시며 자녀들에게 그 의미와 사랑을 전해주시면 좋겠습니다.

우리가 먹는 라면 등 밀가루나 옥수수 가공식품에 GMO 식품이 들어 있다.

PD 수첩에 방영된 "GMO 그리고 거짓말" 참조

https://www.youtube.com/watch?v=7V2AwHp2Pj8

햄, 소시지 등 육가공식품이 1급 발암물질로 규정되어 있다(아질산나트륨).

연합뉴스 https://www.youtube.com/watch?v=W58IFjunYcc

JTBC뉴스 https://www.youtube.com/watch?v=PAET3ySy99U

안병수 소장 강의 https://www.youtube.com/watch?v=nh3jSblSNHs

다니엘 프로젝트

"만일 자녀가 감정 기복이 심하거나 특정한 음식만을 찾고 학습에 몰입하지 못한다면 당신은 어떤 행동을 취하겠습니까?"

아마도 이 질문에 다음과 같이 대답하시는 분들이 있을 겁니다.

"원래 성격이 그런 애야"

"좀 산만할 뿐, 별 문제는 없어."

"크면 나아지겠지"

"학습능력과 상관없으니 그리 신경 쓰지 않아"

"I am what I eat" 이라는 말이 있습니다. 그 아이가 무엇을 먹는지를 보면 그 아이를 알 수 있습니다. 먹는 것이 그 아이의 성격, 행동, 집중력과 기억력, 학습능력에 엄청난 영향을 미친다는 사실을 안다면 아마 깜짝 놀라게 될 것입니다.

제 딸이 중·고등학생 때의 일입니다. 제가 바쁘다는 핑계로 패스트푸드와 외식을 자주 하게 되었습니다. 건강한 음식이 건강한 마음을 만든다는 생각을 못하고 있었던 무지한 때였습니다. 그러자 제 딸은 대학 일학년이 되면서 정신적으로 안정감이 없어지고 건강에 이상이 오기 시작했습니다. 그 일을 통해 저의 무지함을 통감하고 식생활의 중요성에 대해 인식하기 시작했습니다. 그리고 현미 잡곡밥에 채소와 생선을 중심으로 음식을 준비했습니다.

그 후 제 딸은 정신적으로나 신체적으로 건강을 되찾았을 뿐만 아니라 어려서 본인이 겪은 경험으로 인해 지금은 다른 사람들에게도 바른 식생활을 가장 자연스럽게 하는 방법을 알려주며 도와주고 있습니다.

어려서부터 식생활에 대해 바른 지식을 갖고 바른 식습관이 형성되도록 돕는 것이 삶에 있어서 너무나도 중요한 것임을 저는 어리석게도 가장 사랑하는 딸의 힘들었던 시간들을 경험하고서야 깨달았습니다. 나의 무지했던 시간들을 돌아보며, 우리 학생들에게 미리미리 식생활의 중요성을 인식시켜주고 습관화하도록 만들고 싶었습니다. 그래서 만방에서는 주기적으로 '다니엘 프로젝트'를 실시합니다.

지난 학기에도 현미, 채식 식단인 '다니엘 프로젝트'를 한 이후 많은 학생들이 건강해지고 학습능력이 좋아진 체험들을 나누었습니다. 다니엘이 각종 채소를 많이 섭취한 사실은 익히 아실 것입니다. 각종 채소의 비밀, 그 비밀이 과학적으로 설명되고 있습니다.

우리는 부모로서 자녀에게 해야 할 가장 중요하고 기본적인 임무를 행해야 합니다. 음식은 신체 발달이나 건강에만 영향을 미치는 것이 아닙니다. 학습능력, 행동과 정서에 지대한 영향을 미치기 때문에 올바른 식습관에 대해 교육을 하고 올바른 식습관을 만들어 주어 자녀가 성공적인 인생을 살도록 도와야 할 책임과 의무가 있습니다.

우리 자녀들의 건강한 인생, 그것은 바른 식습관과 깊은 관련이 있습니다.

"청하오니 당신의 종들을 열흘 동안 시험하여 채식을 주어 먹게 하고 물을 주어 마시게 한 후에 당신 앞에서 우리의 얼굴과 왕의 음식을 먹는 소년들의 얼굴을 비교하여 보아서 당신이 보는 대로 종들에게 행하소서"(다니엘 1:12-13)

A Journey with King David
다윗과 함께하는 여행

만방에서는 '방학'을 '학업을 놓는다'는 의미의 '방학'放學이라고 하지 않고 '다윗과 함께하는 여행'JD이라고 합니다. '여름방학'이라는 보통명사를 쓰지 않고 '다윗과 함께하는 여행'이라고 하는 고유명사를 쓰는 이유는 다윗의 영성을 따라 감사, 순종, 믿음, 기쁨이 중심이 되는 의미 있는 배움의 시간을 가지기 위함입니다. 특히 유학생들에게는 방학이 매우 중요한 기간입니다. 그동안 많은 학생들의 예를 보면, 방학을 어떻게 보내느냐에 따라 다음 학기의 학업과 생활이 결정됩니다.

'수난거이'樹難去易라는 사자성어가 있습니다. "심기는 어려워도 뽑기는 쉽다"라는 의미입니다. 다시 말해, 10명이 나무를 심어도 한 사람이 뽑기 시작하면 그것을 감당할 수 없습니다.

그동안 선생님들이 시간과 노력을 들여 학생들이 바른 생활습관을 가지고 학업을 해 나갈 수 있도록 지도해왔습니다. 최근에는 영어 캠프와 아웃리치라는 프로그램을 통해 직접 선생님이 되어 가르치는 경험도 해보며 선생님의 마음을 배우기도 하였습니다. 그러나 이렇게 많은 것을 심었더라도, 방학 동안에 학생들의 생활이 흐트러지게 되면 그동안 심은 것을 모두

뽑아 버리게 되는 것입니다.

그래서 만방의 JD기간에는 부모님이 선생님이 되어 가정에서 함께 생활하면서 자녀들에게 심겨진 좋은 것들이 충분히 뿌리내릴 수 있도록 지도해 달라고 부탁드립니다. 선생님들과 부모님이 학생들의 생활과 학업에 좋은 것을 끊임없이 심어줘야 하기 때문입니다. 아무리 심어줘도 학생들이 스스로 뽑기 시작한다면 절대로 좋은 것이 뿌리를 내리고 싹을 틔우지 못할 것입니다.

우리 아이들은 그동안 열심을 내어 심은 좋은 것들을 뽑아 버리기 쉬운 환경으로부터 살아가고 있습니다. 그래서 만방에서는 부모님들께 가능한 스마트폰, 전자기기, 인터넷 소설 등 유해한 것들을 받아들이기 쉬운 환경으로부터 우리 아이들을 지킬 수 있도록 하자고 당부합니다. 또한 선생님들도 매주 가지 학생들과 Weekly Life를 통해 소통하고, 각 방의 방장들 또한 방 동생들과 연락하며 우리 학생들이 건강하고 의미 있는 JD를 보낼 수 있도록 도움을 주고 있습니다.

만방의 "다윗과 함께하는 여행"은 자녀의 삶에 배움이 지속되는 의미 있는 여행이 될 것입니다.

성장의 3가지 조건

19세기 러시아 문학을 대표하는 세계적인 문호, 톨스토이는 귀족 신분이었음에도 군인으로서 전쟁에 참여하였고 지주의 신분으로 소작농들과 함께 농사도 지으며 대중을 위해 실용적이고 현실적인 글을 썼습니다. 톨스토이가 50세를 훌쩍 넘어서 쓴 소설 『안나 카레니나』를 보면 사랑을 가장하여 당장의 욕구를 충족하고자 했던 안나와 브론스키의 관계는 파멸에 이르렀지만, 아픔과 다툼과 슬픔과 고통 가운데서도 서로에 대한 사랑의 끈을 놓지 않았던 레빈과 키티의 관계는 조금씩 '성장'해 나갔다는 것을 알 수 있습니다.

톨스토이는 『안나 카레니나』를 통해 사람이 어떻게 살아가느냐에 있어서 성장을 얼마나 중요하게 생각했는지를 그리고 있습니다. 그리고 성장에 필요한 다음과 같은 3가지 조건을 이야기합니다.

1. 자아로부터의 진정한 자유를 누리게 하는 '몰입'
2. 네가 있음으로 비로소 나를 의미 있게 하는 '소통'
3. 현재를 충실하게 만들어 주는 '죽음에 대한 생각'

톨스토이의 성장에 대한 생각을 접하게 되면서, '만방에서 학생들이 성장하는 모습과 그 뿌리가 같구나' 하는 생각이 들었습니다. 만방 학생들 또한 '몰입', '소통', '죽음에 대한 생각'으로 성장하고 있기 때문입니다.

만방 생활관의 아침은 기상벨이 울리기 훨씬 전부터 조용한 묵상 장소를 찾기 위한 발걸음들로 분주합니다. 욕구에 매여 있던 자신을 내려놓고, 하루를 이끌어 줄 지혜의 소리로 채우기 위함입니다. 학생들은 이 묵상의 시간을 통해 자신에게 허락된 시간 시간마다 감사하며 즐겁게 집중할 수 있는 힘을 제공받습니다. 지혜를 향한 몰입 가운데 학생들은 자연스럽게 성장에 탄력을 더하게 되는 것이지요.

만방 학생들은 여러 공동체 훈련을 통해 '나'와 '너'의 다름을 깨닫고 이 다름 속에서 조화를 이루는 방법을 터득해 나갑니다. 대화와 토론을 통해 나의 부족한 부분을 기꺼이 너의 것으로 채우는 여유를 배우게 됩니다. 함께하는 가운데 자신도 알지 못했던 힘을 발휘하게 된다는 것을 삶 속에서 깨달아 갑니다. 소통을 통해 학생들은 그 자체로 성장하는 것은 물론 왜 우리가 서번트 리더Servant Leader가 되어야 하는지 성장의 이유를 발견하게 됩니다.

만방학교의 세븐 파워Seven Power인 네트워크 파워Network power, 멘털 파워Mental power, 브레인 파워Brain power, 모럴 파워Moral power, 리더십 파워Leadership power, 바디 파워Body power, 스피리추얼 파워Spiritual power 중 스피리추얼 파워는 바로 죽음에 대한 생각에서 출발합니다. 죽음에 대해 생각하는 학생들은 욕심으로 가득 찬 자아의 모습을 내려놓고 소중한 것에 집중하게 되어, 현재의 삶에 더욱 충실하게 됩니다. 또한 지금의 성장을 통해 앞으로 선한 영향력을 미치는 삶, 생명을 살리는 삶을 살아낼 것을 소망하고 있습니다. 놀랍게도 학생들은 자신의 성장에 영원의 의미를 부여하고 있는 것입니다.

학생들은 성장 그 자체가 목적이 될 수는 없지만 그것은 마치 공기와도 같이 사람이 살아가는 데 반드시 필요한 것이라고 배우고 있습니다. 몰입과 소통, 죽음을 생각하는 것으로 성장하는 만방의 학생들이 앞으로 어떠한 삶을 살게 될지, 기대하지 않을 수 없습니다.

작은 것 하나에도 교육적 의미를 담는다

“선생님, 우리에게 과자나 라면과 같은 가공식품을 먹지 말라고 하시면서 왜 매점에서는 과자나 컵라면을 파나요?”

“만방의 생활관은 왜 1, 2인실이 없나요?”

만방에 오는 신입생들과 부모님들이 자주 물어보는 질문입니다.

네, 맞습니다. 만방의 매점에는 일반적인 슈퍼마켓에서 파는 가공식품이 있고, 생활관은 여섯 명의 학생들이 한 방을 사용하며 부딪치고 함께 살아가고 있습니다.

여기에는 만방의 교육 철학이 있습니다.

1. 스스로 판단하여 절제하도록 하는 교육

학교에서는 학생들을 위한 최선의 교육 환경을 만들어 가기 위해 많은 생각과 고민을 합니다. 모든 환경에는 반드시 순기능과 역기능이 함께 존재하기에 환경을 결정할 때 신중하게 접근합니다. 역기능만 보고 실행하다가 순기능을 잃어버릴 수 있기 때문입니다.

청소년들은 어른들에 비해 절제력이 부족합니다. 그렇기에 중독성이 강한 것들은 근절하여 절제력과 판단력이 설 때까지 좋은 환경을 만들어 줄 필요가 있습니다. 그러나 때로는 적절하게 유지하면서 학생들 스스로 좋은 것을 선택하도록 교육해야 할 것들도 있습니다.

예를 들면, 처음에는 학생들이 전자사전을 사용했습니다. 전자사전은 단어를 신속하게 찾을 수 있다는 편리한 점이 있지만, 동영상을 보거나 게임을 하고 판타지 소설을 다운로드 받아서 읽는 등의 역기능도 있습니다. 종이 사전을 쓰는 것이 전자사전을 사용하는 것보다 공부 효과 면에서 훨씬 좋다는 연구 결과를 참고하고 만방에서는 종이 사전으로 단어를 찾는 것의 이점에 대해 교육하면서 종이 사전을 사용하도록 하고 있습니다. 지금은 학생들이 종이 사전의 유익을 경험하며 자연스럽게 사용하고 있습니다.

그러나 가공식품을 절제하도록 하는 것은 전자사전을 사용하지 못하게 하는 것과는 다른 방법으로 교육해야 합니다. 예전에 학교 매점에서 가공식품을 일체 판매하지 않았던 적이 있었습니다. 그랬더니 학생들이 외출할 때 더 질이 나쁜 불량식품을 사 먹기도 하고, 가공식품을 몰래 사 가지고 와서 생활관에 숨겨두고 먹는 등 좋지 않은 면이 더 많았습니다. 그래서 학생들이 자유롭게 선택할 수 있게 하되 분별하고 절제하여 건강한 음식을 선택할 수 있도록 지속적으로 교육하는 것으로 방향을 바꾸게 되었습니다.

학교 입장에서는 가공식품과 라면을 팔지 않으면 관리가 더욱 용이합니다. 그러나 이는 학생들이 가공식품을 못 먹게 하는 것이지 안 먹게 하는 것이 아닙니다. 학생들이 가공식품을 선택하지 못하도록 하는 것이 아니라 선택할 수 있는 환경에서도 스스로 선택하지 않도록 하는 것이 진짜 교육이라고 생각합니다.

2. 비교와 경쟁 사회에서 중심을 지키며 협력하도록 하는 교육

만방학교는 성적에 관하여도 철학을 가지고 교육하고 있습니다. 학생들이 서로 비교하고 경쟁하는 것보다 중요한 것은 자기 자신 안에서의 성장입니다. 다른 사람과 비교하기 위한 점수와 석차가 아닌 개인별 성적 그래프를 보면서, 자신의 학습 및 생활 패턴을 돌아보게 하고 그 안에서 자신의 성장을 보게 합니다. 이는 절대적인 점수에 집착하지 않고 전체의 흐름을 보는 것에 도움을 주며, 남과의 비교가 아닌 자기 안에서의 비교를 통해 긍정적인 동기부여를 주어 자발적인 학습을 가능케 합니다.

또한 학사 상담을 통해 다른 친구의 그래프를 함께 보며 서로가 조언해주고 서로의 다양성을 인정하며 다른 친구의 발전을 함께 기뻐해줍니다. 이렇게 교육받고 자란 우리 학생들은 사회에 나가서도 비교와 경쟁의 환경 속에서 객관적으로 자신을 인지하며 중심을 지킬 뿐만 아니라 다른 사람과 협력하는 영향력 있는 사람이 될 것입니다.

"다른 사람의 지혜와 너의 지혜를 함께 나누며 살라"

우리 학생들에게 항상 당부하는 말입니다.

3. 공동체 안에서 감사와 절제를 배우도록 하는 교육

얼마 전, 한국에 있는 미국 국제학교 광고에 '생활관이 최신식이며, 1인실 또는 2인실'이라고 쓰인 문구를 보았습니다. 교육의 현장에서 청소년들을 건강하게 키우는 것을 고민하는 같은 교육자 입장에서 볼 때 학생들을 연약하게 만드는 학교 광고에 쓴웃음이 나왔습니다. 동시에 전인 교육을 해야 하는 학교의 본질을 잃어버린 지 오래된 이 현실에 마음이 아팠습니다.

요즈음 자라나는 청소년들은 개인주의 성향이 많아 이기적이며, 쉽게 주어지는 편리한 환경과 과보호로 인해 회복 탄력성이 매우 부족합니다. 그래서 만방의 생활관 교육은 처음부터 우리 학생들이 윤택함과 편리함을 추구하지 않도록 하는 것을 염두에 두고 계획하였습니다.

생활관기숙사은 공동체 의식을 갖도록 하고, 인내와 절제, 리더십 능력을 키우는 최고의 교육 장소입니다. 만방학교는 정책적으로 6명이 한 방에서 생활하도록 하여 서로를 배려하는 환경을 만들어 주고, 정리정돈과 청소는 물론이고 빨래도 스스로 하게 하여 부지런한 생활을 습관화하도록 교육하고 있습니다.

환경은 어떤 관점으로 보느냐에 따라 상대적으로 다르게 받아들일 수 있습니다. 만방은 특권의식을 심어주는 편리하고 고급스러운 시설보다는 노블레스 오블리주를 몸에 배도록 훈련할 수 있는 환경을 만듭니다. 학생들이 환경 속에서 편안함을 추구하도록 하기보다, 공동체 안에서 다른 사람을 이해하고 배려하며 사랑을 키워가는 것을 배우는 것이 중요합니다. 공동체 생활을 통해 자신의 모난 부분이 드러나고 깎이면서 한 단계 한 단계 성장을 거듭할 것입니다. 조금은 불편해 보이는 생활관 생활을 통해 공동체로 사는 것의 기쁨과 감사함을 누리며 함께하는 삶의 가치를 배워가는 학생들로 자라날 것입니다.

이 외에도 만방학교 곳곳에는 작은 것 하나하나에 교육적 의미가 깊이 담겨 있습니다. 학교는 부모가 되고, 부모는 교사가 되어 우리 자녀들이 이 세상을 향해 건강하게 살도록 함께하길 바랍니다.

만방 선생님의 고백

우리는 왜 이 길을 걷는 것일까!

나의 은총을 입은 이여 너를 아노라
너의 이름을 내가 아노라
나의 사랑을 받은 이여 함께 가노라
내가 친히 함께 가노라
내가 너로 편케 하며 나의 모든 선함으로
너의 앞을 지나며 나의 이름으로 너를 지키리라
나의 은총을 입은 이여 나의 사랑을 아는 이여
내가 너를 축복하노라

내가 너로 편케 하며 나의 모든 선함으로
너의 앞을 지나며 나의 이름으로 너를 지키리라
나의 은총을 입은 이여 나의 사랑을 아는 이여
내가 너를 축복하노라
내가 너를 축복하노라

– 축복하노라 –

우리 학생들과 부모님들 그리고 선생님들이 서로를 축복하며 함께 부르는 아름다운 노래가 울려 퍼지는 동안, 옥수수밭에 만방의 깃발을 꽂고 황무지를 개척하며 오직 믿음으로 함께했던 우리 선생님들의 눈물 어린 수고와 쉽지 않은 결정임에도 만방에 자녀를 보낸 가족들의 그리움이 마음에 그려졌다. "우리는 왜 이 길을 걷는 것일까!" 이 귀한 학생들을 위해 우리의 삶을 던졌다.

그래서 만방은 다양한 교육 프로그램을 만든다. 그중 '학부모 방문 데이'는 학부모님들이 만방교육을 몸소 체험하며 어떤 철학으로 자녀를 키울 것인가를 깊이 생각하는 시간이다. 부모님들이 단지 보고 싶은 내 아이만을 그리며 왔다면 더 심한 그리움에 가슴이 미어질 것이다. 내 자녀가 더 편한 환경에서 살기 원한다면 자녀를 나약하게 만들 뿐이다. 내 자녀의 안정된 삶을 위해 이 시간을 성공의 발판으로 여긴다면 자녀를 더 불안하게 만들 것이다.

'학부모 방문 데이'가 단순히 자녀들만 만나는 하나의 행사가 아닌 그 이상의 감동과 가치를 나누고 더 나은 삶을 위한 도전을 받는 시간이 되길 바란다. 우리 학생들이 변화 받고 성장하는 것처럼 우리 학부모님들도 터널 비전에서 벗어나 진정한 글로벌 비전을 갖게 되길 바란다.

이젠 부모님들이 우리 자녀들과 감사와 기쁨을 나누고, 자기중심적인 사고가 아닌 다른 사람을 배려하고, 정직의 용기를 나누고, 어려움 가운데 더 많은 깨달음을 얻게 됨을 나누고, 지혜로운 분별에 대해 나누고, 다른 사람을 위해 지식을 쌓는 것의 소중함을 나누고, 사랑의 마음이 더 풍성하게 자라고 있음을 나누게 되길 바란다. 이 시간을 통해 부모님의 삶이 진정으로 변하길 바란다. 내 자녀가 나를 보고 그대로 배운다는 것을 항상 생각해야 한다. 이 세상에 선한 영향력을 펼칠 귀한 내 자녀임을 명심해야 한다. 방문 후에 쓴 부모님들의 귀한 마음이 한마음으로 다가온다.

"정말 만방학교는 아이의 숨겨져 있던 재능까지도 끌어내주는 '마중물' 같은 존재인 듯하다. 음악회 내내 우리 아이뿐 아니라 만방의 모든 아이들이 너무 귀하고 소중하다는 생각에 자꾸 눈물이 났다. 그러다가 좀 생뚱맞은 생각이지만 나도 기회가 있었으면 이렇게 다시 배우고 훈련받으며, 사는 것 같이 살고 싶다는 생각이 들었다. 꿈같은 이야기이지만 '어머니 만방학교'가 생기면 꼭 입학하고 싶다는 생각까지 들었다. 선생님들, 어떻게 안 될까요?"

"우리 부부 모두에게도 조금 더 성장하고 변화할 수 있는 시간이었다. 아이들이 변화하고 성장하는 것만큼, 우리 부부도 더욱 성숙되고 변화되어야 한다고 생각했다. 만방은 아이들만 가르치고 성장시키는 곳이 아니라 부모들도 함께 성장시키고 변화시키는 곳이었다."

만방은 "We Make Multicultural Global Servant Leaders"를 계속해서 선포한다. 그리고 이루어 가고 있다. 진정한 Multicultural는 하나님이 우리 인간에게 주신 문화이고, 진정한 Global은 다른 사람을 품는 세계관이다. 그런 사람이 Servant Leader가 되는 것이다.

만방 학생의 고백

은실이의 만방 체험

부모님께

안녕하세요. 잘 지내셨어요? 오늘은 제가 경험하고 있는 만방학교의 특색을 묘사해볼까 해요. 생각해보니까 엄청 많아요. 저를 이렇게 좋은 학교에 보내주신 하나님과 부모님께 정말 감사드려요. 늘 이렇게 감사한 점을 찾으면 삶이 즐거워진다는 것을 깨달았어요. 다시 한 번 감사드리고 한 주간 잘 보내세요. 우리 가족 매일매일 파이팅! 사랑해요.

1. 만방에는 JG(Jesus Generation) 예배가 있다. 요즘 한국 교회보다 더 뜨겁다! 이런 JG가 자랑스럽다.
2. 만방에는 선후배가 없다. 언니, 형들이 동생들을 사랑하면 사랑했지 절대 선후배를 가르지 않는다.
3. 만방에는 학생을 사랑하는 선생님들이 아주 많이 계신다. 아프거나 안 좋은 일이 있으면 누구보다 더 나서서 도와주신다. 특히 한국에서는 멀게만 느껴졌던 교장 선생님이 만방에서는 가까운 교장 선생님이다.
4. 만방에는 섬기는 마음이 있다. 어떤 일을 하든(특히 리더들) 섬기는 마음을 갖고 감사함으로 한다.

5. 만방에는 욕이 없다. 욕이나 비속어를 멀리하고 서로 격려하는 말을 주고받는다.

6. 만방에는 꿈이 있다. 꿈을 매우 중요시 여기고 그 꿈을 위해 살고 있다(공부도 열심히!).

7. 만방에는 벌금이 없다. 다만 기부금이 있을 뿐! 어떤 학교에서 벌금으로 '기부'할 생각을 할 수 있을까?

8. 만방에는 상담이 있다. 유학생활 중에 학사 상담, 고민 상담 등을 할 수 있는 것은 큰 축복이다.

9. 만방에는 치장이 없다. 모두들 자신의 나이에 맞게 순수한 미를 뽐낸다.

10. 만방에는 생활의 지혜가 있다. 기숙사 생활(빨래, 청소 등), 친구 관계 가운데 지식이 아닌 지혜를 배운다.

11. 만방에는 차별이 없다. 선생님과 학생 사이, 무엇에서든 차별 없는 좋은 학교이다.

12. 만방에는 건강함이 있다. 모두가 자신의 영육 간의 건강을 잘 관리한다.

13. 만방에는 실패가 없다. 성적이 떨어져도 관계가 안 좋아도, 그것은 실패가 아닌 배움의 과정일 뿐이다!

14. 만방에는 그 무엇보다 하나님이 계신다. 늘 우리 만방인과 함께하시며 이끌어주신다.

15. 만방에는 그 외에도 독서왕 제도, 동아리, 비전 트립, 양로원 봉사활동, 합창반, 시청각 시간 등등 다채로운 활동이 있다.

Part 2

TREES OF WISDOM

위즈덤 트리

만방 교사와 부모가 함께하는
지혜의 나무를 심는 교육

Part 2

TREES OF WISDOM

위즈덤 트리

만방 교사와 부모가 함께하는
지혜의 나무를 심는 교육

청소년, 그 아름다운 이름!

잠시 두 달 동안 미국에 다녀왔는데, 갈 때마다 미국의 청소년들이 점점 더 심한 몸살을 앓고 있다는 것이 절실히 느껴집니다. 한국이나 중국도 예외는 아닙니다. '왜 해가 거듭될수록 청소년들은 더 방황하는 것일까?'라는 생각을 하지 않을 수 없습니다.

저는 우리 어른들의 안일함과 무지함이 그 원인이라고 단언합니다. 이번 주에 우리 학생들과 반 별로 만나서 대화를 나누는 시간을 가졌습니다.

'청소년 시기에 가져야 할 우리의 자세와 태도, 지혜, 감사, 협력….'

대화하는 내내 밝고 생기 넘치는 표정과 대화에 집중하는 자세, 따뜻한 마음과 바른 생각들…, 학생들과 함께 정말 기쁘고 감사한 대화 시간을 가졌습니다. 어젯밤에는 저녁 자습이 끝나고 중학교 2학년 남학생 몇 명이 사무실에 찾아왔습니다.

"선생님, 지식과 지혜는 어떻게 달라요?"

"제가 친구에게 말실수를 했어요. 마음으로는 미안하다고 얘기하고 싶은데 잘 안될 때는 어떻게 해야 돼요? "

건강한 청소년기에 있는 우리 학생들의 아름다운 생각들을 나누며 교장인 제 마음에 적셔지는 깊은 감사는 표현하기 벅찬 감동이었습니다. 만방학교에서는 '사춘기'라는 용어를 사용하지 않습니다. 일반적으로 통용되는 사춘기의 개념은 부정적인 언어나 비속어를 사용해도 용납이 되고, 부모님과 선생님께 반항하는 것이 이해되는 시기로 왜곡되어 있기 때문입니다. 심지어 교과서에도 청소년기의 특징을 '질풍노도의 시기'로 배우고 있으니 안타깝기 그지없습니다. 중요한 시기의 청소년들에게 사춘기라는 명목으로 잘못된 생각과 행동을 정당화해주고 있는 듯합니다. 그래서 만방학교에서는 이 시기를 사춘기라고 하지 않고, '청소년기'라고 합니다.

원래 '질풍노도의 시기'라는 용어는 100여 년 전에 '그랜빌 홀'이라는 학자가 주장한 용어입니다. 진화론에 바탕을 두고 인류의 성장을 연구하며 인류가 원시적이고 야만적인 문화에서 현대 문명으로 변화해 가듯이, 한 개인도 미개사회의 단조로운 삶을 벗어나는 시기의 의미로 청소년기를 정의했던 용어를 여과 없이 지금까지 사용하고 있는 것입니다.

그러나 '마거릿 미드'라는 학자는 사모아섬의 청소년들을 연구하며 이 지역의 청소년들은 질풍노도의 시기 없이 평화로운 시기를 보내는 것을 토대로 '질풍노도의 시기'가 보편적인 사춘기의 특성이 아님을 강하게 주장하였습니다. 그후 많은 학자들도 여러 청소년들을 연구하며 사춘기의 시기가 질풍노도의 시기가 아님을 발표하였습니다. 그러나 이러한 내용들은 무시되고 100여 년이 넘는 기간 동안 우리 청소년들이 질풍노도의 시기라는 용어 속에 아픈 청소년기를 보내고 있습니다.

굳이 사모아섬에 가지 않더라도 우리 만방의 학생들을 보면 질풍노도의 시기와는 어울리지 않는 밝고 긍정적인 청소년기를 보내고 있는 것을 봅니다. 만방의 선생님들은 우리 학생들에게 '청소년기는 인생의 비전을 찾는 소중한 시기이며 성장을 위해 성장통을 겪는 아름다운 시기'임을 가르쳐주고, '사춘기'를 긍정적인 '청소년기'로 인지하도록 도와주고 있습니다. 이 아름다운 '청소년기'에 대해 우리 학생들이 함께 생각한 개념입니다.

청소년기란?

- 정체성을 확립하는 시기, 분별력을 기르는 시기
- 나를 알아가는 시기, 이전의 실수를 개선하고 성장하는 시기
- 사물에 의문을 갖는 시기, 시야가 넓어지는 시기
- 비전을 찾고, 그것을 이루기 위하여 노력하는 시기
- 어른이 되는 과정에서 스스로 분별하는 능력과 힘을 기르는 시기
- 부정적인 것에 쉽게 영향을 받을 수 있기 때문에 좋은 영향력이 절대적으로 필요한 시기

- 부정을 긍정으로 바꾸는 시기, 긍정적으로 생각하고 감사하는 시기
- 동역을 배울 수 있는 시기, 자신과 함께 미래를 만들어 갈 공동체를 만들어 가는 시기
- 서로를 가르쳐주고 배워가며, 미래를 위해 준비하는 시기
- 인내심을 기르는 시기
- 기초 실력을 다지는 시기
- 평생 바른 습관으로 살 수 있도록 바른 습관을 형성하는 시기

이처럼 우리 만방 학생들은 청소년기를 새롭게 인식하며, 인생에 있어서 가장 소중하고 아름다운 시기로 만들어 가고 있습니다.

학부모님들은 우리 학생들의 소중한 청소년기를 "질풍노도의 시기라서 그래, 사춘기 아이들이야, 중2병이야."라며 안일하게 합리화하지 마시고 청소년 시기의 특성을 연구하고 이해하여 어른으로서의 분별력을 가지고 우리 자녀들을 지혜롭게 키우시기 바랍니다.

꿈의 가치

꿈을 가지라고 합니다.

지금 많은 청소년들에게는 꿈이 없습니다. 무기력하고 방황합니다. 꿈이 없으니 재미만을 쫓아가기도 합니다. 그러나 그 재미의 끝은 허무와 허탈입니다. 우리 청소년들은 꿈을 가지고 생명력 있게 살아가야 하기에 꿈을 가

지라고 합니다.

만방에서는 모든 학생들이 꿈을 꿉니다.

꿈과 비전을 찾고 미래의 직업을 찾으며 세미나를 하고 자신의 비전을 선포합니다. 열정이 있고 파워가 있고 공부에 매진하는 모습을 봅니다.

그러나 만방에서는 꿈을 버리라고 합니다.

자신의 출세와 명예를 위해, 삶이 보장된 직업을 갖기 위해 꾸는 꿈을 버리라고 합니다. 명예와 안정된 삶을 좇는 꿈은 언젠가는 더 큰 허무와 허탈을 가져올 수 있기 때문입니다. 만방학교에 계신 선생님 한 분 한 분을 생각해봅니다. 꼭 이곳에 있지 않아도 세상에서 얼마든지 능력을 인정받던 분들이셨습니다. 그러나 우리 선생님들은 자신의 성공과 명예를 추구하지 않고 청소년들의 교육을 위해 자신의 보장된 삶을 버리고 만방에 오셨습니다.

만방학교 교사 선언 중 마지막 선언이 '우리는 학생을 위해 죽을 각오로 살아간다'입니다. 스스로 학생을 위해 죽을 각오를 하고 살아가기로 작정한 선생님들이 모인 곳이 만방입니다. 세상의 성공, 안정된 직장, 명예와 부를 갖는 것보다 생명을 살리는 더 가치 있는 인생이 무엇인지 깨달았기 때문입니다. 만방의 학생들은 우리 선생님들의 삶을 보고 자라나고 있습니다. 매일 부지런히 일하시는 모습을 보며 그 안에 학생들을 향한 사랑과 감동이 있음을 잘 알고 있습니다.

그래서 많은 학생들이 스스로 자신의 꿈을 버립니다.

그리고 새로운 꿈을 꾸고 있습니다. 같은 대학을 가고 같은 직업을 가지더라도 다른 사람을 위해 기꺼이 희생하고 헌신할 수 있는 꿈으로 바꾸고 있습니다. 이번 학기에도 졸업을 하자마자 동생들을 섬기겠다며 만방의 선생님으로 헌신한 제자가 있습니다. 그는 교육의 비전을 품고 중국의 명문 대학에서 장학생으로 공부한 후 만방으로 달려왔습니다.

사랑하는 제자인 선생님이 보낸 메일을 나누고 싶습니다.

"선생님, 부모님 그리고 선생님들께

축복의 유산을 받고 누리며 살아가는 저는 정말 축복된 사람입니다. 평생 받을 복을 다 받았다고 해도 좋을 만큼 요즘 너무 행복하고 즐겁습니다! 앞으로 하나님이 저에게 특별한 인생을 살게 하셔도, 혹은 그렇지 않아도 상관없습니다. 제가 만방에서 배운 교육을 후배들인 학생들과 같이 나누며 살아갈 수 있다면 가장 평범하지만 모든 것이 특별한 순간들일 테니까요! 제가 받은 축복의 유산을 또 잘 내보낼 수 있도록 더 노력하고 기쁨으로 살아가려고 합니다. 지혜 주셔서 너무 감사합니다! 많이많이 사랑합니다."

사랑은 우리를 순수하게 만든다

어느 해 겨울, 한국의 방송인들 일행이 만방학교를 방문했습니다. 그분들이 한국으로 돌아가기 전에 우리 학생들과 대화도 하고 식사도 같이 하며 각자 느낀 점 10가지를 적어서 보내왔습니다. 그중 한 사람의 글을 소개하고자 합니다.

첫째, 만방학교 아이들은 밝다. 먼저 인사한다. 예의가 있다. 가식이 없다. 자존감이 있다. 지금의 아이들에게 무엇을 더 바라겠는가. 역시 기본이 전부다.

둘째, 아이들의 눈빛이 가장 기억에 남는다. 십 대의 아이들에게서 그런 눈빛을 본 적이 없는 것 같다. 눈은 거짓을 말하지 못한다고 한다. 진심으로 아이들은 건강한 모습 그대로였다.

셋째, 부모의 자세가 다르다. 아이에게는 쉽게 이야기하면서 정작 나는 부모로서 변할 준비가 되어 있나? 사실 아이를 교육하기 전 나의 생각과 행동 등 많은 부분을 돌아봐야 함을 느낀다.

넷째, 손으로 써 가는 이야기가 있다. 타이핑에 익숙한 지금, 손글씨로 많은 것을 이루고 있는 데에 놀랐다. 개인적으로 직접 쓰며 알게 되는 것들이 많음을 알기에 반가웠다.

다섯째, 시간관리가 철저하다. 1분의 소중함을 잘 아는 것과 약속에 대한 철저한 이행, 이것이 만방학교의 힘이 아닐까?

여섯째, 진정성이 느껴진다. 모든 선생님들의 말씀과 표현 속에서 무한한 애정을 본다. 아이들의 모습은 결국 이러한 선생님들의 진정성에서 나온다는 것을 배운다.

일곱째, 원칙에 후퇴는 없다. 한없는 부드러움으로 모든 것을 받아줄 것만 같았던 만방학교는 원칙에 있어서만은 절대 양보도 타협도 없어 보였다.

여덟째, 꽃밭에 있는 것만으로 내 몸에도 꽃향기가 난다. 만방학교에 있는 것만으로도 내 몸에 꽃향기가 나는 듯 순수함과 맑아짐을 느낀다.

아홉째, 이곳이 진정한 학교다. 아이들과 선생님들이 함께 뛰고 배려하며 모두가 함께하는 곳. 나는 꿈에 그리던 학교를 보았다.

마지막, 내가 할 일에 대한 고민이 생겼다. 좋은 분들, 감사한 분들과 짧지 않은 시간을 함께했고 많은 이야기를 나누었다. 뭐든 마찬가지겠지만 그다음은 내 몫이다.

새해 첫날 우리 학생들은 선생님 댁을 찾아가 세배를 드리고 덕담을 듣기도 하고, 가지 선생님 댁에서 떡국도 먹으며 만방의 가족들과 함께 기쁜 새해를 맞이하였습니다. 세배를 하러 오는 학생들의 발자국 소리가 학생들의 마음을 노래하듯 경쾌하게 들립니다. 학생들이 선생님들께 드리겠다고 축하 선물로 준비한, 아름다운 화음으로 노래를 부르는 모습이 어찌 그리 순수해 보이던지요! 한국에서 중2병이라는 말이 유행한다는데 우리 만방에서는 왜 그런 말이 나오는지 이해하기 어려울 정도입니다. 선생님들의 새해 덕담을 귀담아듣는 아이들의 모습은 진지하기까지 합니다.

우리 선생님들이 만방 학생들의 자연스런 모습을 보며 발견한 진리가 있습니다. '사랑은 우리를 순수하게 만든다'는 것입니다. 사랑은 아이들이나 어른들이나 모두 흰 눈 같은 순수함으로 되돌아갈 수 있게 만드는 능력이 있습니다.

진주를 만드는 사람들

진주가 만들어지는 과정을 생각해봅니다.

어느 날, 숨 쉬던 조개 안에 모래가 들어가 이리저리 조개의 살을 찌르며 고통스럽게 합니다. 인내의 한계에 부딪힌 조개는 모래를 감싸 안는 분비물을 배출하고, 그 노력의 과정이 반복되면서 고통스럽던 모래 알갱이가 진주라는 값진 보석으로 변하게 됩니다.

교육의 역할은 마치 조개 안에 모래를 넣어주는 것과 같다고 생각합니다. 어렵고 힘들다고 느껴져야 최선이라는 칼을 빼내게 됩니다. 어쩌면 교육은 훈련되지 않은 유들유들한 조개의 살 안의 모래 알갱이처럼, 학생들에게는 거슬리고 달갑지 않은 것일 수도 있을 것입니다. 그 고통을 통해 진주가 될 수 있다는 소망을 학생들에게 전달하려면 무엇이 필요할까요? 진주를 가지고 있는 교육자라면 그것이 가능할 것입니다.

우리 학생들의 삶에 모래가 들어왔을 때 진주를 희망할 수 있는 사람이 되었으면 좋겠습니다. 그리고 모래를 빼내려는 친구들에게 진주의 희망을 줄 수 있는 그런 선생님이 되기를 소망합니다.

사람이 지혜를 만드는 과정은 마치 조개가 진주를 만드는 과정과도 같습니다. 편안하고 안락한 환경과 쉽게 주어지는 상황은 나태함과 안일함을 남깁니다. 그러나 때로는 이해할 수 없는 고난과 고통이 있더라도 이것을 수용하고 받아들이며 이겨내는 과정을 통해 지혜를 얻게 됩니다. 학생들과 이 과정을 함께하는 것이 진정한 교육입니다. 모래를 품은 조개가 영롱한 진주를 만들어 내듯, 현재의 고난을 끌어안은 우리 학생들은 삶을 이어가는 진주와 같은 지혜를 만들어 가는 중일 것입니다

"조개가 모래를 머금으면 진주가 되고, 사람이 고난을 머금으면 지혜가 된다."

More than A Teacher

'I am a teacher.'

매년 여름 만방학교에서 하는 아웃리치의 주제입니다. 아웃리치는 만방의 학생들이 선생님이 되어 중국 소학교초등학교 학생들에게 영어를 가르치는 활동입니다. 하지만 우리 학교에서 아웃리치의 의미는 단순한 지식 전달의 의미를 넘어 만방학교에서 지향하는 모든 교육이 종합적으로 나타나는

시간입니다.

선생님이 된 만방 학생들은 소학교 학생들을 만나기 전 학생들 한 명 한 명의 이름을 외우고, 해당 학년의 영어 수준이 어느 정도인지 파악하며 만날 준비를 합니다. 수업을 하면서 학생들에게 가르칠 영어 단어를 찾고, 그 단어에 맞는 그림 카드를 그리고, 한 교시마다 교안을 짜고 아이디어를 공유하며 시간 가는 줄 모르고 토론합니다. 선생님이 되어 학생을 만난다는 기대감을 가지는 동시에 모든 만남의 시간에 책임감을 가지고 열심히 가르칠 준비를 하는 것입니다.

드디어 아웃리치가 시작되는 날 아침, 교문에서 학생들을 환호로 맞이하고 한 명씩 소속된 반으로 인도하고 수업을 시작합니다. 그리고 그동안 준비한 것을 열성으로 가르칩니다. 준비한 만큼 수업이 잘 될 때도 있지만 생각만큼 학생들이 따라주지 않아 당황스러울 때도 있습니다. 재미있는 게임도 하고 더운 낮에는 물 풍선을 터뜨리고 옷을 흠뻑 적시며 즐거운 시간도 보내지만, 자신이 맡은 학생이 말을 잘 듣지 않아 펑펑 울 때도 있습니다. 이처럼 선생님이 학생을 대하며 느끼는 모든 것들을 짧은 시간이지만 알차게 배우게 됩니다. 좋은 시간도, 힘든 시간도 우리 학생들에게는 모두 배움의 시간이 되는 것입니다.

이렇게 학생들은 선생님이 되어 영어를 가르치는 것뿐만 아니라 다양한 학생들을 이해하며 인내로 가르치고 있습니다. 그 가운데 선생님으로서 사랑의 폭이 넓어져서, 교사는 단순히 지식을 전달하는 사람이 아니라 삶을 함께 나누는 사람이라는 것을 깨닫게 됩니다.

'I am a teacher'로 시작했던 학생들이 'More than a teacher'가 되어 더 깊이 있는 지혜와 사랑을 키우게 됩니다. 어제, 말 안 듣는 소학교 학생 때문에 펑펑 울던 학생 선생님은 오늘 아침 교문에서 환한 미소를 지으며 그 학생을 마중하고 있었습니다.

인생을 위한 공부

학생들이 자주 묻는 질문이 있습니다.

"선생님, 지금 제가 하고 있는 공부가 과연 대학 입시를 준비하는 데 맞는 공부인가요?"

이 질문은 학생들뿐 아니라 학부모님들도 동일하게 궁금해하는 질문일 것입니다. 최근 중국의 주요 대학 입시 경향이 급격히 변화하고 있습니다. 인생에 있어서 대학 시험이라는 큰 산을 넘어야 하는 학생 입장에서는 불확실한 미래에 대한 두려움과 변화되는 입시 경향에 맞게 자신이 잘 준비하고 있는지 불안한 마음에 이러한 질문을 하는 것일 테지요. 그러나 학생들의 질문이 내포하고 있는 궁극적인 질문은 중국어, 영어, 수학을 어떻게 공부해야 하는가에 대한 문제가 아니라 더 본질적이고 예측할 수 없는 미래에 대한 불안일 것입니다.

학생들은 이런 불안을 극복하기 위해 선생님들에게 상담을 요청하며 '대학 입시를 위해 어떻게 공부해야 하는지, 어떤 것을 준비해야 하는지' 등 그동안 쌓아 온 대학 입시 노하우, 즉 합격할 수 있는 방법 등을 듣고 싶어 합니다. 그러나 '대학 시험 준비를 위해 어떻게 공부하고 어디에 시간을 투자해라, 요즘 대학 입시 트렌드는 면접이니 면접을 이렇게 준비하라' 등의 실질적이고 현실적인 조언은 학생들이 듣고 싶어 하는 답일지는 모르나 궁극적으로는 그들에게 도움이 되지 않는 단기적인 전략이자 방법일 뿐입니다.

수많은 학생들의 입시를 지도하면서 얻은 지혜의 노하우는 아주 간단하고도 명쾌한 공식입니다.

'입시 공부 = 인생을 위한 공부'

즉 어떤 공부든, 비록 그 공부가 입시 공부라 할지라도 그것을 자신의 인생을 위한 공부라고 여기고 성실히 임한다면 대학 합격뿐만 아니라 더 큰 것을 얻을 수 있는 것입니다.

진정한 공부란, 대학이라는 산을 넘는 방법을 통해 궁극적으로 인생의 산을 넘어야 하는 지혜를 배우는 것이라고 생각합니다. 불안해하는 학생들에게 자주 해주는 말이 있습니다.

1. 자신이 속한 공동체를 신뢰하라.

어느 공동체든 자신이 속해 있는 공동체와 리더를 신뢰하지 못하는 것은 자신의 행동에 대한 불안감을 가중시키고 정체 모를 불만으로 표출되기 쉽습니다. 신뢰하라는 것은 내가 속한 공동체에 대해 믿고 의지하는 태도를 가지라는 뜻입니다. 그것이 학교든, 대학이든, 회사든, 사회든 자신이 속한 공동체를 불신하는 태도는 자기 자신과 상대방에 대해 항상 불안한 상태에 있게 합니다. 인생을 살 때 공동체를 신뢰하는 태도는 매우 중요한 공부입니다.

2. 기본에 충실하라.

기본에 충실하라는 것은 지금 하고 있는 공부나 과제를 대하는 태도를 점검해보고 성실하게 임하라는 뜻입니다. '지금 내가 하고 있는 공부가, 내가 풀고 있는 문제가 대학 입시에 어떻게 도움이 될까' 만을 계산한다면 입시뿐 아니라 어느 것에도 도움이 되지 않습니다. 현재 맡겨진 임무에 충실한 태도는 후에 사회에서도 빛을 발하게 될 것입니다.

3. 길게 보고, 넓게 보라.

결과만을 바라보는 조급한 마음은 현재 상황을 결코 더 좋은 방향으로 바꿀 수 없습니다. 오히려 상황을 악화시키며 대학을 마치 인생의 전부를 걸어야 하는 도박처럼 생각하게 만들 뿐입니다. 더 멀리 그리고 더 넓게 보도록, 대학 입시 또한 인생의 한 부분이며 과정으로 여길 수 있는 힘을 길러야 합니다. 만방의 교육은 좋은 명문대 입학으로 끝나지 않습니다. 우리 학생들이 더 멀리, 더 길게 인생을 보는 눈을 열어 가며 인생을 위한 진짜 공부를 할 수 있기를 바랍니다.

함께하는 힐링

"애들아~ 우리 힘내자. 가서 즐거운 시간 만들어 주고 오자, 알았지?"

만방장학재단 장학금을 전달하러 가는 길, 팀원들을 격려하는 팀장의 목소리에는 기대와 간절함이 배어 있었습니다. 지난 한 주, 학생들은 저녁 자습이 끝난 시간에 함께 모여 만방장학재단에서 후원하는 학생의 가정 방문을 준비하는 모임을 가졌습니다. 하루의 일정을 마치고 가장 쉬고 싶은 그 시간에 모임을 갖는다는 것이 힘들 법도 한데, 처음 팀으로 만나 서먹했던 동생들이 우리의 사랑을 기다리는 친구들에게 어떻게 웃음을 줄 수 있을지를 생각하며 점점 하나의 팀이 되어 가는 것을 보는 팀장들의 입가에는 웃음이 떠나지 않았습니다.

장학재단에서 후원하는 친구를 만나러 가는 길, 우리의 마음이 설렘과 기대감으로 가득합니다. 반갑게 맞이해주는 추영이와 식구들과의 만남에서 힐링의 시간이 시작되었습니다. 이름을 소개하는 게임, 한국 문화를 알리는 윷놀이, 웃음꽃이 피어나게 하는 페이스 페인팅 등의 활동과 함께 다과를 먹으며 나눈 대화, 함께 부른 노래 등등. 사실 준비할 때는 프로그램이 부족한 것이 아닐까 우려도 했었는데, 다 함께 신나게 노는 동안 시간이 훌쩍 지나가서 시간이 부족하게 느껴질 정도였습니다. 아이들의 순수함 속에 오랜만에 만났다는 어색함은 온데간데없었습니다.

방문을 마치고 학교로 돌아오는 길, 추영이를 만나러 가는 길에는 팀장이 소리를 내었다면 돌아오는 길에는 팀원들이 서로 느낀 점들을 나누는 소리로 가득합니다.

"너무 재미있었고 아쉬워요."

"두 시간이라는 시간이 놀랍게도 빨리 갔어요."

"힐링이 된 것 같아서 감사했어요."라는 말에, 모두들 "맞아~ 나도 그래!"라며 공감합니다.

이처럼 지식이 아닌 경험을 통하여 학생들은 진정한 쉼의 방법을 마음 깊이 알게 된 듯합니다.

12월은 올 한 해를 돌아보는 달이자 마지막 힘을 내어 마무리를 향해 달려야 할 분주한 달이기도 합니다. 분주함 속에서 앞만 보고 달리다 보면 종종 공허함과 만나게 되기도 하는데, 그 공허함을 채우려 더욱 열심을 내어 달려보기도 하고 다양한 여가 활동들을 시도해보지만 결국 진정한 쉼인 '힐링'을 얻지는 못합니다.

학생들의 모습을 보면서 '함께하는 것' 속에 힐링의 비밀이 있음을 발견하게 됩니다. 분주함 속에서 여유를, 어려움 속에서 감사를 찾을 수 있는 힘은 '혼자' 열심을 내는 삶이 아닌 '함께' 하는 사랑 안에서 쉼을 찾기 때문이 아닐까요.

마지막으로, 지난주 생활관 게시판에서 층장 학생이 생활관 식구들에게 적어준 짧은 편지를 소개합니다.

"요즘에 감사 박스를 통해서 언니한테 수고한다고, 고맙다고 말해주는 친구들이 있더라. 우선 정말 고마워. 그런데 언니는 너희들 때문에 힘들었던 것보다 너희들 덕분에 힘이 날 때가 더 많았어! ^^"

은혜를 아는 사람

다음 이야기는 중국 우화책에 나오는 '바보가 떡을 먹은 이야기'입니다.

说一个呆子吃大饼, 吃了5个饱了。

呆子感慨 : “早知道吃第五个饼才饱, 又何必吃前面那4个呢?”

바보가 떡을 네 개까지 먹었는데 배가 부르지 않았고, 다섯 개를 먹고서야 배가 불렀다. 그리고 감탄하며 말하기를,

“아! 다섯 개째 먹어서 배부를 걸 알았더라면, 앞의 네 개는 괜히 먹었네.”

우리 12학년 학생들 모두 만족할만한 대학입시 결과를 갖고 졸업을 하였습니다. 얼마 전 12학년 학생들에게 졸업을 기념하여 그동안 자신의 모든 성장 기록이 담겨 있는 바인더를 나눠주며, 만방학교를 입학하여 졸업할 때까지 얼마나 많은 변화와 성장이 있었는지 그리고 졸업하기까지 얼마나 많은 선생님들의 수고가 있었는지를 되돌아보도록 하였습니다.

더불어 그동안 먹었던 4개의 떡과 같은 부모님과 선생님의 수고와 노력에 대한 감사와 은혜를 모두 잊고, 자칫 5번째 떡대학입시 결과을 먹고 배부른 것만 생각하는 바보가 되지 않기를 당부하였습니다.

학생 한 명 한 명 자신의 바인더를 보고, 웃기도 하고 울기도 하며 진지하게 자신을 되돌아보는 시간을 가졌습니다. 만방학교에 입학하여 생활 습관과 언어 습관을 잡아주고, 청소년기에 가져야 할 비전과 꿈에 대해 나누고, 아파서 힘들어할 때 옆에서 지켜준 선생님들이 계셨기에 지금의 졸업이 의미가 있는 것입니다. 무엇보다도 지금까지 키워주시고 보살펴주신 부모님의 은혜 없이 결코 이 자리에 설 수 없었을 것입니다.

참으로 감사하게도, 우리 학생들 모두 바인더에 기록된 각자의 히스토리

안에 자연스럽게 스며들어 있는 부모님과 선생님들의 사랑과 수고를 되짚어 볼 수 있었습니다.

우리 졸업생들에게 누군가가 '만방학교에서 무엇을 배웠니?'라고 묻는다면, '중국어요', '영어요', '대학 합격증이요'라는 말 대신 '은혜를 배웠습니다'라고 대답하는 것이 더욱 감사한 대답일 것입니다.

은혜를 아는 사람은 자신이 큰 사랑 안에 살고 있음을 알고 있기 때문에 감사함으로 인생을 살아갈 수 있으며, 다른 사람에게 은혜를 나누어주는 나눔의 삶을 살아가게 됩니다.

만방에서 많은 것을 배우고 이제 새로운 세계로 나가는 우리 졸업생들을 기쁜 마음으로 축복하고 격려하며, 받은 은혜를 세상에 나누고 살아가는 인생이 되기를 바랍니다.

자녀를 웃게 합시다

"이런 엄마가 있으니 대한민국의 교육이 무너지는 것 아니겠어요!"

이런 황당한 소리를 들으셨다면 어떻게 반응하시겠습니까?

실제로 최하진 박사가 자신의 강연회에 참석한 한 엄마에게 자녀를 닦달하는 것은 과도한 관심임을 꼬집으며 한 말입니다. 그 엄마는 그날 집에 돌아가서 남편에게 화풀이를 실컷 하였다고 합니다. 그러다 아들과의 갈등 가운데 있는 자신을 바라보게 되었고, 최하진 박사의 말을 곱씹어 보다 결국 자기 자녀를 보낼 수 있는 곳은 만방학교밖에 없다는 결론에 이르러 아들을 이곳에 보내게 되었습니다. 책망의 소리를 듣고 만방에 자녀를 보낸 유일한 케이스라고 할 수 있지요.

아이는 부모의 만방학교에 대한 전적인 신뢰 가운데 만방에서 잘 자랐고 부모와 자녀 간의 관계도 좋아졌을 뿐만 아니라 진정한 자신의 재능과 꿈을 발견하게 되었습니다. 현재는 중국 최고의 명문 대학에서 공부하고 있는 이 학생을 보며 무엇보다 자랑스러운 것은 그가 재학 기간 동안 사랑의 교훈, 책망, 바르게 함과 훈련을 통하여 만방이 지향하는 세븐파워 인재로 성장했다는 것입니다.

현재 한국의 부모님들은 대한민국 교육의 현실이 암울하다고 비판하면서도 다른 한편으로는 자녀가 혹시 뒤처질까 두려운 마음이 있고, 그 두려움으로 인해 경쟁 속으로 우리 자녀들을 몰아넣는 모습을 보게 됩니다. 이러한 현실 속에서, 만방에서는 우리 귀한 자녀들이 생명력 있게 살아나도록 어떻게 교육할까를 연구하며 더 좋은 방법을 끊임없이 찾아가고 있습니다. 우리 자녀들이 가장 가까이서 배우는 선생님이신 학부모님과 함께 교육 방향을 맞추어 온전한 교육을 할 수 있도록 다음의 당부 말씀을 드립니다.

첫째, 진정한 공부의 의미를 찾아주세요.

다음의 고백이 여러분의 아들, 딸의 고백이라면 어떤 느낌이 드시나요?

“지금까지 내 마음속에는 ‘다른 사람의 시선’이라는 부담의 돌덩이가 항상 자리잡고 있었다. 진정한 공부의 의미를 알지 못한 것이다. 그래서 행복한 순간에도 진짜 마음 놓고 웃을 수가 없었다. 부모님께는 ‘공부 잘하는 착한 딸', 선생님들께는 '공부 잘하는 성실한 학생', 친구들에게는 '완벽하고 멋있는 친구'로 보이기 위해 속으로만 끙끙거리고 혼자 아파하던 내 모습이 생각나서 눈물이 났다."

대부분의 아이들이 갖는 강박관념이 하나 있습니다. 부모님을 실망시켜드리고 싶지 않다는 것이지요. 그러다 보니 즐겁게 공부하기보다는 보여주기 위해서 공부합니다. 100점을 맞아도 그다음 시험을 걱정하고 있습니다. 자녀에게 이런 무거운 돌덩이를 얹어주는 대신 날개를 달아주시길 바랍니다. 만방의 선생님들은 우리 자녀들을 누르고 있던 돌덩어리를 치우는 데 많은 시간과 노력을 투자합니다. 부모님께서도 함께해주시면 자녀는 날개를 달아 무한한 가능성을 펼칠 것입니다.

둘째, 자녀의 성적에 민감하게 반응하지 마세요.

부모가 성적에 민감하게 반응할 때 자녀가 받는 스트레스는 측정 불가능할 정도로 커집니다. 위의 고백을 털어놓은 학생의 어머니는 매주 나오는 Weekly Test의 점수 1, 2점에 일희일비하며 자녀에게 수시로 전화하여 닦달하곤 하였습니다. 결국 학생은 스트레스와 짜증 속에서 하루하루를 보내게 되었고, 이 사실을 안 학교는 부모님께 성적표를 보내지 않기로 결정했습니다. 멀리서 기도하며 응원하는 부모가 되게 한 것이지요. 한 학기가 지난 후 이 학생은 이런 고백을 하였습니다.

"시험 보기 5분 전에 이렇게 기도했어요. '시험 잘 보게 해주세요'가 아니라 '예배에 임하는 저와 함께해주세요' 라고요."

셋째로, 자녀가 웃음을 되찾게 도와주세요.

이 학생이 입학한 지 세 학기가 지났을 때 다음과 같은 부모의 고백을 들을 수 있었습니다.

"딸을 만방에 보낸 적잖은 이유 중의 하나는 만방 학생들의 환한 얼굴이었습니다. 흔한 생각으로 중·고등학교 시절에는 공부에 시달리고 입시에 스트레스를 받아서 다들 힘들어하는데 얘들은 어찌 이리 하나같이 행복한 표정에 광채 나는 얼굴일 수 있을까? 그런데 이제 보니 우리 딸내미 얼굴에도 살짝 그런 모습이 담겨있는 듯하여 감사합니다."

학생도 웃음을 찾았고, 부모도 이제 자녀와 함께 행복하기에 이르렀습니다. 만방의 아이들이 시간이 지나면서 공부의 가속도가 붙는 비밀이 여기에 있습니다. 압박 가운데 밤잠 설쳐가며 공부하는 것이 아니라 일정한 수면 시간을 유지하며 공부의 집중력을 높이는 것입니다. 공부에 동기를 불어넣고, 공부하는 얼굴에 웃음을 찾아주며, 공부에 대한 사명감을 불어넣어 줍니다. 가치관의 변화, 종이 한 장 차이 같지만 그 결과는 하늘과 땅 차이입니다.

만방 부모님의 이야기

엄마가 느낀 만방국제학교 면접

by 백지수 엄마

지금까지 아이들과 참으로 다양한 여행을 해왔습니다. 사막으로 떠나기도 했고, 마야 문명 정글 탐험을 가기도 하고, 산소가 부족한 4000m 고산 지역 꼭대기에도 가봤습니다. 그런데 이런 고생과 고난의 여행 경험이 늘어나면서 가족관계에도 변화가 생겼습니다. 서로 무척 끈끈해진 것이지요. 그 이유는 이렇습니다.

바쁜 일과를 핑계로 여행을 떠날 때마다 늘 사전계획 없이 무작정 떠났기 때문에 안락한 여행은 단 한 번도 없었습니다. 고생 덩어리에 기상천외한 에피소드만이 기다리고 있었지요. 어떻게 보면 인생과도 비슷한 모습이었습니다. 준비되지 않으면 더욱 고생이 심해지는 여행. 그런데 언젠가부터 이 무계획 여행을 바라보는 시각에도 변화가 생겨났습니다. 여행지에서 생겨나는 예상치 못한 사건 사고를 오히려 가족들이 즐기게 된 것입니다.

그리고 어느새 아이들이 훌쩍 커 있었습니다. 어느 날부터인가 아이들은 내가 챙겨야 하는 피보호 대상이 아니라 어려운 사건 사고를 같이 해결하는 동료이자 동지가 되어 있었습니다. 어떻게든 그 사건 사고는 지나갔고, 결과가 좋든 나쁘든 그 이벤트를 함께 헤쳐 나간 팀워크는 강렬한 추억이 되어 우리 가족의 연결고리를 단단하게 만들었습니다.

오늘 면접도 그러했습니다. '지수 인생 최초의 면접'이라는 이벤트에 온 가족이 여행을 떠났고, 첫 여행으로서 너무나도 멋진 경험과 감동을 공유할 수 있었습니다. 지수의 스승님들을 찾아 무작정 여행을 떠났는데, 현실에는 존재하지 않을 것만 같던 실체를 만나게 된 것입니다. 너무나도 따뜻한 여행지였고 스승님들과의 가슴 벅찬 조우였습니다.

이 여행의 백미는 한 스토리에 대한 토론이었는데, 배움이 있는 면접이라는 새로운 체험에 우리는 광분하지 않을 수 없었습니다. 다소 긴장 탓인지, 생소한 '데나리온'이란 용어 탓인지 여러 번을 읽어도 이슈가 이해되지 않는 사태가 벌어졌고 내용을 이해하느라 난장 수다가 벌어졌습니다. 문제가 이해되지 않아서 토론이 불가할 정도였지요.

우리 가족은 난장 수다로 내용을 이해한 채 집으로 돌아왔고, 밤늦게까지 서로 이야기를 나눴습니다. 아이들은 성경책을 찾아보며 등장인물들의 심리를 재구성하기도 했습니다. 면접장에서 가족 토론이라는 멋진 체험을 어디서 경험할 수 있을까요. 예전에도 늘 느꼈지만 아이들과 함께 머리를 맞대면 고생이나 고난이 재미있는 에피소드로 변신되는 마법이 일어납니다. 오늘 과제도 가족 앨범에 추가할 유쾌한 시트콤이 되었습니다. 4명의 동지가 함께라면 행복하고 즐겁습니다. 우리 4명의 가족이 함께 이런 멋진 여행을 하게 해주셔서 정말 감사합니다.

지수는 선생님들과의 따뜻한 소통이 무척 행복했다고 말했습니다. 지식을 친구들과 나누며 공동체를 가꾸어 가는 가치가 너무 좋아서 눈물이 난다나요. 만방국제학교를 가고 싶은 마음이 더더욱 간절해졌다고 너무나 기대해서 부모로서 걱정이 되기도 했습니다. '이러다가 합격하지 못해서 아이가 실망하면 어떡하나. 큰일 났다.'하고요.

지수에게는 "하나님의 뜻이 있을 거야. 너의 길이라면 열어주실 것이고 아니면 다른 길을 주시겠지. 어떤 결과가 나와도 하나님을 믿자."라고 말해주며 흥분된 아이의 마음을 진정시켰습니다.

동생 은혁이도 놀라운 반응을 보였습니다. 엄마랑 떨어지기 싫어서 자기는 절대로 외국으로 공부하러 가는 일은 없을 거라며, 오늘은 집에서 책이나 읽을 거라던 아이였습니다. 그런데 면접 선생님들을 만나고 토론을 경험하더니 "엄마, 나도 만방에 갈까요? 에이, 가자!"라고 전환되는 사태가 벌어진 것입니다. 아이들은 만방학교와의 사랑에 빠졌습니다. 더 큰일났습니다. 우리 가족의 마음을 온통 뺏어 가신 선생님들, 이 사태를 책임지셔야 합니다.

아빠가 느낀 만방국제학교 면접

by 서주완 아빠

『세븐파워교육』이란 책에서 저자인 최하진 박사님은 "성인이 되어 가는 과정에서 불완전함에 대한 강한 인식, 완벽해져야 한다는 강박관념에 매여 스스로 고통을 당하고 있다. 청소년기에 열등감의 문제에 대해 도움을 받지 못하면 성인이 되어서도 동일한 문제를 안고 갈 가능성이 매우 높다고 한다"라고 말씀하셨습니다. 참으로 공감하는 말이었습니다.

50년 넘게 살아오면서 내게 이 열등감의 문제는 여전히 해결되지 못한 문제였고, 나름 열심히 살면서 이 문제를 해결하기 위한 몸부림으로 공부를 선택했습니다. 문제없이 완전해 보이기 위해 위장하며 착하고 성실한 학생으로, 모범적(?)으로 살아온 것 같습니다. 그래서 지금은 의과대학 교수로 학생들을 교육하면서, 또한 흉부외과 의사로 환자들을 진료하며 살고 있습니다. 그러나 여전히 열등감의 문제는 완전히 해결되지 않고 있음을 고백할 수밖에 없습니다. 그 많은 시간을 열등감으로 인해 부정적인 마음으로 스스로를 얼마나 괴롭히고 미워하였나 생각하면, 나 자신이 참으로 불쌍하단 생각이 듭니다.

주완이를 한국의 현실에서 키우면서도, 열등감이란 동일한 문제로 고민하는 아이를 보면서 깊은 고뇌에 빠졌습니다. 우리 가정은 주완이를 스스로 공부하는 아이로 만들기 위해 '텔레비전 없고 스마트폰도 대학 이후에 노출'이란 원칙하에 지내왔습니다. 성적이 떨어져도 스스로 할 때까지 기다려왔고 최대한 학원을 보내지 않으려고 했습니다. 그렇게 세월을 보내면서 다행이도 아이들은 선하게 잘 자라줬습니다. 그러나 좀처럼 오르지 않는 성적으로 인해서인지, 열등감이 서서히 아이들의 마음속에 자리잡고 있다는 사실을 느끼며 안타까웠습니다. 그러던 중 우리 교회를 다녀가신 최하진 박사님의 설교와 책은 우리 부부에게는 신선한 도전이자, 오아시스였습니다. 한편으로는 말씀과 책은 그럴듯해도 실제는 다르지 않을까 하는 의심을 가지는 나 자신이 한심하기도 했지만 사랑하는 아들을 멀리 보내야 하는 아비의 마음은 쉽사리 의심의 눈초리를 거둘 수 없게 했습니다.

그래도 면접은 부부가 반드시 같이 참석해야 한다는 설명에 '형식적이지는 않구나' 하는 안도감이 들었습니다. 면접을 가기 위한 준비를 하면서, 참으로 오랜만에 전적으로 아들만을 위한 시간을 가질 수 있었습니다. 스케줄을 조절하고 기차표를 사고, 당일 아침부터 늦지 않으려고 같이 분주하게 움직였습니다. 그렇게 우리 가족은 한 팀이 되어 서울역에 도착하고 지하철을 타고 이동하면서 처음 가는 길을 찾아갔습니다. 주완이도 들떴는지 면접의 긴장은 잊고 여행으로 착각한 것처럼 즐거워 보였습니다.

면접 장소에 도착한 뒤에서야 긴장하기 시작하는 아들의 모습이 안쓰러워 보였습니다. 긴장을 이기지 못하고 선생님의 첫 질문에 눈물을 보이는 아이의 모습에 나 또한 울컥했습니다. 이런 아이를 어찌 떨어뜨릴까 하는 마음과 부끄러운 마음이 교차했습니다. 선생님들께서는 두려워하는 아이의 마음을 아시고는 배려해주셨고, 그런 마음을 아이도 느꼈는지 차츰 안정을 찾고 질문에 집중했습니다.

덩치와는 다르게 자신 없는 자세와 목소리에도 불구하고 아이의 내면을 살피시려고 배려해주시는 선생님들의 모습을 보며 참 고마웠습니다. 제시하신 문제를 읽고 의견을 교환하고 토론하는 면접은 정말 신선했고, 우리 부부에게도 도전의 시간이 되었습니다. 성경의 예화를 토론한 후에 의미를 정리해주시면서 리더란 무엇이며, 만방학교가 어떤 리더를 기르고자 하는지를 알려주셨습니다.

면접이 끝난 후, 많은 생각이 지나갔습니다. 무엇보다 안심이 되었습니다. 내가 걱정하던 의심은 신뢰로 변했습니다. '적어도 아이의 현재 학과 성적에 치중한 면접은 아니구나. 아이의 가능성을 보려고 하시는구나. 지금 이 아이가 느낄 수도 있는 부정적 사고, 비교의식, 열등감, 소심함, 두려움을 바꿔주고 해방시켜 줄 수 있겠구나.' 하고 말입니다.

그리고 무엇보다 '나는 어른이 되기까지 이런 문제 때문에 발버둥치고 고민하며 많은 시간을 허비했는데, 주완이는 감사하며 행복하게 도전하는 시간들로 채울 수 있겠구나.' 하는 생각에 이런 학교를 지원하는 아들에게 묘

한 부러움의 마음을 숨길 수 없었습니다. 부산으로 돌아오는 길은 행복한 가족여행에서 돌아오는 길 같았습니다.

사교육을 생각하다

by 김대웅 엄마

사교육 1번지에 살고 있는 나로서는 EBS 방송 '학교란 무엇인가?'를 보는 내내 답답했습니다. 방송에서 보이는 대치동 학원가의 모습과 학원 선생님들의 말은 실제로 겪고 있는 내 모습이었기 때문입니다. 독서의 중요성은 여러 실험과 교육 전문가들의 인터뷰를 통해서도 알듯이 아무리 강조해도 지나치지 않습니다. 다행이도 둘째 아이는 책 읽을 때가 가장 집중력이 좋고 행복해합니다. 밥상머리나 화장실에서도 책을 놓지 않아서 잔소리를 할 때도 있지만 어쨌든 기특하지요. 외출할 때면 늘 책 한 권씩은 꼭 손에 들고 나서 장소를 가리지 않고 읽습니다.

"엄마, 뭐하세요?"

"책 읽고 있는데."

"부럽다. 나도 책 읽고 싶어요."

"숙제 다 하면 읽어."

오늘 우리 모자가 나눈 대화입니다. 학교 선생님께서도 억지로 안 되는 게 책 읽기 습관인데 대웅이의 최고의 장점이라고 하십니다.

그런데 요즘 이 좋은 습관과 아이의 행복을 고스란히 빼앗아가고 있는 것이 있어 안타깝기만 합니다. 직장 때문에 방과 후에 아이가 집에 혼자 있는 것이 불안하고 안쓰러워 안전지대를 찾는다는 것이 결국은 학원으로 내몰고 만 것입니다. 그나마 학원에 가 있으면 공부도 되고 보호받을 수 있다는 얄팍한 엄마의 심정이 아이를 매일매일 학원에 묶어두게 하였습니다.

그런데 학원은 참 이상합니다. 학원에서 공부하고 거기서 해결하면 좋으련만 늘 산더미 같은 숙제를 안겨주며 아이들을 몰아가니 말입니다. 공부와 숙제보다는 책 읽기가 더 좋은 아이가 늘 숙제를 완성하지 못하고 숙제에 치여서 괴로워합니다. 혹여나 대충해서 보내면 전화가 와서는,

"어머님, 대웅이가 숙제를 잘 안 해오네요. 지도 부탁드립니다. 너무 오냐오냐 키우시나 봐요. 무섭게 좀 대하세요. 이대로는 안 돼요. 초등학교 6학년까지 영어는 어느 정도 끝내야 중·고등학교 가서 편해요."

리스닝 책을 보면 아이는 A4용지 한바닥 분량의 빽빽한 내용을 듣고 문제를 풉니다. 물론 반 이상이 틀리지만 아무리 봐도 5학년 수준에선 대단한 건데 학원에선 큰일이라고 걱정합니다.

수학은 또 어떤지 아십니까?

"과학고 가려면 이 정도 해서는 안 돼요. 토요 특강도 들으면 좋을 텐데. 상위 1%의 학생들과 경쟁하려면 지금부터 이 학생들이 가야 하는 길을 함께 가야 해요."

정작 난 과학고에는 관심도 없는데 조금 잘한다 싶으면 학원에서는 불안감과 경쟁심을 부추깁니다. 사교육의 온상인 이곳의 학생들은 초등학교 때부터 배우는 기쁨보다 성적에 대한 불안을 먼저 배우는 삶이 시작됩니다.

둘째 아이의 행복한 삶을 위해서 기도와 결단이 절실히 필요한 때입니다.

방송을 보면서 만방으로 유학 간 큰아이의 모습이 그려집니다. 이곳의 아이들과는 다르게 최소한의 사교육을 활용하면서 자기주도성 있는 학습태도를 보인 큰아이에게, 주님은 찾아가셔서 아이의 마음을 만지시고 움직이셨습니다. 정말 사교육 없이 스스로 공부하면서 하나님과 가까워지고 싶다며, 만방을 향해 떠난 큰아이의 깊은 생각은 정말 탁월한 선택이었습니다. 함께 있을 때 더 많이 안아주고 공감해주지 못한 미안함과 아쉬움은 있지만, 행복한 학교생활을 마음껏 즐기고 있는 아이를 생각하면 감사할 따름입니다. 주님의 크고 놀라운 계획하심이 있어 부르셨다는 확신이 듭니다.

짧은 기간 느낀 만방학교 선생님들의 사랑과 헌신 그리고 체계적인 교육은 신뢰를 넘어, 주님이 세우시고 주님이 학교의 주인이심을 느끼게 합니다. 학생들 한 명 한 명, 지속적인 관심과 관찰로 아이의 고충을 살피시고 지혜롭게 문제를 해결해주시며 해결책과 방향을 제시해주시는 선생님들의 사랑에 감동을 받습니다.

며칠 전, 신문에 실린 중학교 남학생의 자살 관련 기사 내용을 읽고 한참을 멍하니 앉아 있었습니다. 스마트폰이 너무나 갖고 싶었던 아이는 중간고사 성적이 좋으면 스마트폰을 선물 받기로 하고 나름 열심히 공부했는데 기대만큼 결과가 나오지 않자 성적 비관으로 자살을 한 것입니다. 그런데 우리를 더 씁쓸하고 슬프게 한 것은, 아이의 마지막 유언이 자기 무덤에 스마트폰을 함께 묻어달라는 것이었습니다. 아이와 그 아이의 부모를 비난하거나 욕할 수도 없는, 이것이 대한민국의 현주소구나 하는 생각에 깊은 한숨이 나왔습니다.

요즘 청소년들이 스마트폰, PC 같은 기계 속에 빠져 들어가고 있는 것이 현실이라지만 이들과 소통할 수 있는 것이 늘 가까이에 있는 부모, 선생님, 친구가 아닌 한낱 기계라니, 사람이 기계보다 못한 역할을 하고 있다는 것이 참 부끄러운 일이 아닐 수 없습니다.

만방의 학생들은 날마다 주님과 만나고 기계가 아닌 선생님, 부모, 언니, 동생, 친구와 소통할 수 있으니 얼마나 다행이고 감사한지요. 이 땅의 모든 청소년들이 이러한 기쁨을 누리길 소원하며, 만방의 학생들이 장차 이 역할을 감당할 수 있는 진정한 리더가 될 수 있기를 기도하며 기대해봅니다.

우진이를 만방에 보내고 달라진 것들

by 강우진 엄마

외동 같다는 소리를 듣지 않게 키우려고 했지만 우진이는 나의 바람과는 다르게 너무나 여린 아이로 자라고 있었습니다. 항상 울타리를 쳐줘야만 살아갈 것 같은 여린 아이를 보며 기도하지 않을 수 없었습니다. 그런데 하나님은 생각지도 못한 엉뚱한 답을 주셨습니다. 내가 만들어 놓은 울타리 밖으로 아이를 보내라 하신 것입니다. 사라가 웃었던 것처럼 처음에 나도 피식 웃었던 기억이 납니다. 말도 안 되는 것이었기에 더이상 생각하지 않으려고 했는데 하나님은 급속도로 나의 생각을 바꿔주셨고 우진이의 마음도 만져주시며 만방으로 이끌어주셨습니다.

인천공항에서 우진이를 보내던 날, 우리 부부는 너무나도 담담하게 아이를 위한 기도를 해주며 떠나보냈습니다. 너무 어린 나이에 보내는 유학길이었지만 하나님께서 인도하시는 길이라는 확신이 있었기에 우리 부부는 담담할 수 있었던 것 같습니다.

그러나 막상 우진이는 그 여린 성격과 외동으로 자란 관계의 연약함으로 만방 생활이 녹록지만은 않았던 것 같습니다. 우진이가 여러 어려움을 극복하고 잘 성장할 수 있었던 것은 무엇보다도 가지 선생님들을 비롯한 만방의 모든 선생님들의 손길이었습니다. 무엇보다도 우진이의 관계의 연약함을 아시고 구체적이고 적극적으로 도와주신 것입니다.

이제 우진이는 만방의 친구, 형, 동생들과 자연스럽게 우애를 돈독히 하며 잘 지내고 있는 듯합니다. 부방장으로서 30분 정도 먼저 일어나 이것저것을 살핀다는 소리에 기특하기도 하고 한편으로는 마음이 짠하기도 하여 일찍 일어나는 것이 힘들지 않느냐고 물었던 적이 있는데, 우진이는 "엄마도 늘 새벽기도 가시잖아요."라고 하면서 이제는 습관이 되어서 괜찮다고 대답하였습니다. 처음에는 기상 시간에 일어나지 못해 형들을 힘들게 했던 우진이를 생각하면, 인내해준 형들에게 감사하고 이끌어주신 선생님들께도 감사의 말밖에 드릴 게 없습니다.

우진이는 한국에서 시골에 있는 초등학교를 다녔습니다. 한 학년에 10명 남짓 되는 친구들과 공부에 대한 스트레스 없이, 경쟁의식 없이 학교생활을 할 수 있었지요. 공부에 대한 별 부담 없이 생활하는 것이 몸에 익어 있던 우진이가 정규반에 배정되고 나서는 많은 공부량으로 인해 처음에는 꽤 힘들어했던 것 같습니다. 새벽 4시에 일어나 숙제를 했다는 이야기, 숙제하느라 아침을 걸렀다는 이야기도 하곤 했었으니까요. 그러나 우진이는 한 번도 한국으로 가고 싶다고 말한 적이 없었습니다. "힘들지만 이겨내야죠" 하며 걱정하지 말라고 했었습니다. 한국에서의 그 여린 아이에게서는 도저히 상상할 수 없는 강인함이 아이 내면에서 자라고 있음을 느낄 수 있었습니다.

부모로서 우리 부부의 변화를 꼽으라면 많은 한국의 학부모와는 다른 시각을 분명하게 갖고 있는 것이라고 자신 있게 말할 수 있습니다. 끊임없이 다른 아이들과 비교하고 아이의 성적에 일희일비하는 한국의 부모들과 다른 것이 있다면, 아이의 성적이나 특출함이 아닌 아이 그 자체만으로 감사할 수 있다는 것입니다.

세상의 잣대로 비교하면 우진이가 많이 부족하다는 것을 압니다. 그러나 하나님께서는 분명 우리 우진이를 존귀하고 보배롭게 만드셨음을 알고, 우리 부부에게 그 보배를 주셨음에 감사하지 않을 수 없습니다. 물론 리더로서의 자질이 있는, 특히 한국 부모들이 좋아하는 뛰어난 학업 성적을 내는 아이들을 보면 부럽기도 합니다. 그러나 그들을 향한 하나님의 계획이 또 있음을 알기에 그들을 향해서도 진심으로 박수를 쳐줄 수 있습니다.

얼마 전 중간고사 결과가 나왔는데 우진이의 성적이 그렇게 좋지 않았습니다. 그러나 우진이가 분명 열심히, 성실히 공부했다는 것을 믿기 때문에 성적의 좋고 나쁨이 별 문제가 되지 않았습니다. 오히려 수학과 물리 성적이 여전히 잘 나와서 우진이와 통화할 때 "너는 수학과 물리에 뛰어난 재능을 갖고 있는 것이 분명한 것 같다"라고 말해줬습니다.

우리 가정은 우리 부부가 믿음의 1세대이기에 부모님들은 아직 예수님을 영접하지 못했습니다. 흔히 제주도는 전도지가 아니라 선교지라고 말할 정도로 토속신앙이 뿌리박혀 있을 뿐만 아니라 예수 믿는 사람을 조상도 모르는 사람이라고 배척하는 분위기입니다. 예수님을 믿는 우리 부부를 두고도 말이 많으셨기에 부모님을 전도하는 것이 여간 어려운 일이 아니었습니다. 그러다가 지난 학기부터 생각해낸 전도 방법이, 우진이가 매주 보내오는 JG 감상문과 Weekly Life 등 여러 글들을 복사해서 부모님께 우편으로 보내는 것입니다. 사랑하는 손주의 글이기에 이제는 내심 그 편지를 매주 기다리는 눈치십니다. 우진이의 글은 하나님이 자신에게 주신 은혜를 꼭 나누기에 좋은 간증거리가 되는 것 같습니다. 이 글을 통해 부모님에게도 예수님의 사랑이 전달되었으면 하는 간절한 바람입니다.

처음 우진이를 만방에 보내놓고 만방에 대한 경험도 많이 없으면서 무엇이 우리를 그토록 만방에 미치도록 했는지, 만방학교에서 나온 '줄탁동시'란 책을 20여 권 정도 사서 만나는 사람들에게 한 권씩 나눠주며 "이런 학교가 다 있습니다"라고 소개하고 다녔습니다. 처음에 가졌던 만방에 대한 무한한 신뢰는 지금도 여전합니다. 오늘도 죽을 각오로 임하는 선생님들이 계시는 곳이기에 그 신뢰는 무너지지 않을 것 같습니다.

지금도 우진이는 여전히 연약한 부분이 많습니다. 그러나 만방의 많은 손길을 통해 주님이 우진이를 빚어가고 계신다는 것을 깨닫습니다. 나 역시 우진이를 학교에 맡긴 것으로 끝내지 않고, 또 한 명의 선생님임을 명심하고 나를 담금질하며 달려갈 것을 다짐해봅니다.

우리 가정의 유산

by 최원우 어머니

이번 달에 이사를 가게 되어 집안 세간들을 둘러보며 개비할 것들을 점검하는데 식탁 옆 벽에 붙어 있는 감사나무를 발견했습니다. 원우가 방학 숙제라며 벽에 그려 붙이고 시작했던, 언제부터인가 그곳에 오랫동안 붙어 있던, 포스트잇에 써 내려간 감사의 내용들이 몇 번이고 바뀐 아주 친숙한 나무였습니다. 갓 유년기를 벗어난 소년 원우가 만방에서 5년의 시간을 보내고 있는 모습과도 너무나 닮은 나무였습니다.

유난히 내성적이고 자기표현이 서툴렀던 아이가 이렇게 번듯하고 늠름한 청년으로 잘 자라줘서 얼마나 감사한지 모르겠습니다. 처음 만방학교에 보낼 때는 그저 가족적인 따뜻한 분위기의 학교에서 신앙훈련을 받기 좋은 곳이라고만 생각했었습니다. 그러다 크리스천 인성교육과 제자훈련을 받으려고 중국까지, 그것도 그 춥다는 하얼빈까지 가는 건 너무 멀리 가는 건 아닌가 싶어 많이 고민했던 것도 사실입니다. 그러나 한 학기, 한 학기 지내며 반듯하게 성장하는 원우의 모습을 보면서 만방학교에 보내길 너무 잘했다는 생각에 참 감사했습니다.

외동으로 자란 아이가 형들이 Homecoming Day로 북경, 상해에서 온다고 방방 뛰며 좋아하고, 그 형들이 다음날 돌아가서 목이 메도록 아쉬웠다고 말하는 Weekly Life 편지를 받고 놀라지 않을 수 없었습니다. 거의 혈연집단과도 같은 공동체 의식을 느꼈기 때문일 것입니다.

게다가 대입 시험을 마치고 놀고 싶을 텐데도 만방의 동생들을 위해 TATeaching Assistant로 좀 더 있다가 돌아오겠다고 했을 때는 얼마나 대견했는지 모릅니다. 형제 없이 혼자 자란 원우가 동생들에게도 책임감을 느끼는 형이 되어 있는 걸 보면서 참으로 감사했습니다.

만방 공동체에서 이렇게 근사한 만방인으로 자란 것도 감사한데, 대학에 가서도 캠퍼스에서 주님의 증인이 되겠노라고 자신의 포부를 밝히는 원우를 보며 정말이지 눈시울이 뜨거워지는 감동을 받았습니다.

우리 집 식탁 옆에 붙어 있는 감사나무는 잘 떼어서 새로 이사 갈 집 식탁 옆에 붙이고 더 많은 감사의 제목을 드릴 것입니다. 나아가 이 감사나무는 우리 가정의 유산이 되어야 한다는 생각을 했습니다. 세간들을 둘러보아도 우리 집에 이 감사나무보다 귀한 건 없는 거 같습니다.

사랑하고 존경하는 만방의 선생님, 스데반의 순교를 예수님께서 하나님 보좌 우편에 서 계시며 귀하게 받으신 것처럼 우리 주님께서 선생님들의 헌신을 그렇게 보배롭게 받으실 것입니다. 가정과 사역에 주께 드릴 열매가 가득하길 바라오며, 아무쪼록 강건하시기 바랍니다.

학교를 넘어 가족

by 김지성 엄마

우리 아이들의 제2의 부모님, 바쁘신 데도 늘 상담해주시는 선생님, 식습관을 바로 잡아주시는 선생님, 학교에 온 지 얼마 되지 않아 적응할 수 있도록 힘들 때마다 도와주시는 선생님. 이런 귀한 선생님들이 있는 만방학교에서 부모를 떠난 아이들은 "학교를 넘어 가족의 공동체"를 이루고 있는 하늘나라를 이미 경험하고 있는 것이리라 생각됩니다. 가족의 의미를 성경에서 생각해볼 때, 분명 만방은 가족 공동체일 것입니다.

> "누가 내 어머니이며 내 동생들이냐 하시고 … 누구든지 하늘에 계신 내 아버지의 뜻대로 하는 자가 내 형제요 자매요 어머니이니라"(마태복음 12:48, 50)

최근 모소 대나무와 같이 성장하는 지성이를 보면서 내 마음속에서도 감사가 날마다 넘쳐납니다. 이렇게 지성이가 성숙하고 성장하도록 품어주시고 기다려주신 선생님들께 정말 감사드립니다.

최근 지성이에게 택배를 보내며 감사 편지를 써서 함께 보냈는데, 감사한 내용 25가지를 30분도 안 되어무엇이라 쓸 건지 긴 생각도 고민도 없이 편지지 4장에 줄곧 써 내려갔습니다. 지성이의 말대로 한국에 있었다면 어쩔 수 없는 환경을 탓하며 일주일에 2시간의 게임 시간을 정해놓고, 여전히 게임 시간 준수에 대해 실랑이를 벌였을 것입니다.

그런데 이제는 JD 때 한국에 와서 올바르지 못한 모습을 보이는 한국 친구들에게 거룩한 분노를 느끼며 충고할 줄도 알고, 실망스러운 친구들의 모습에 낙심하는 지성이의 모습을 보면서 맹모삼천지교의 교훈이 얼마나 중요한지 새삼 깨닫게 됩니다. 최근 부쩍 공부하는 목적과 공부하는 태도가 달라지기 시작한 지성이를 보면서 아이의 이 같은 성장에 얼마나 많은 감사의 눈물이 흐르는지 모르겠습니다.

불과 일 년 전까지만 해도 수업시간에 다 알아듣지 못했다며 한국에서와는 달리 학원을 가지 못해 답답하다고 전화했던 지성이에게, "엄마가 너를 키우면서 가장 후회되는 게 한국에서 학원을 보냈다는 거야"라고 농담인 듯 말했던 진심의 말들이 생각납니다. 그런데 이제는 지성이가 스스로 자기주도학습을 해 나가는 일에 적응을 하고 있는 모습이 대견합니다. 또한 공부가 자기 삶의 안위를 위한 목적이 아닌 하나님께서 주신 사명을 위한 과정이며, 주신 사명을 위해 한 걸음 한 걸음 걷고 있음을 잊지 않겠다고 다짐하는 지성이의 모습이 얼마나 감격스러운지 모릅니다. 그 감사함은 이루 말로 다 표현할 수가 없습니다.

만방 생활의 불편함(?)이 얼마나 지성이를 성장시켜주는지 그 또한 너무나 감사하며, 만방의 이러한 교육철학이 어떠한 시대 흐름에도 타협되지 않고 지켜지길 바랍니다. 또 그렇게 되리라 믿습니다.

외동아이라 동생의 역할과 형의 역할도 못해 본 지성이에게 동생이 되어주고, 형이 되어주는 귀한 만방의 형제들에게도 너무나 감사드립니다. 추수감사절 찬양을 부르는 아이들의 노래를 들으며 행복한 현장에 있는 마음을 느낄 수 있도록 동영상을 올려주셔서 감사합니다. 동영상을 보는 내내 한편으로는 한국의 많은 학교들이 이렇게 회복되어지면 얼마나 좋을까 하고 가슴이 저려오기도 했습니다.

찬양의 가사처럼 정말 또 하나의 열매를 바라시는 하나님의 마음을 헤아리며 헌신하는 모든 선생님들의 수고가 헛되지 않도록 기도하겠습니다.

만방을 통해 배운 성공의 가치

by 유승기 아빠

나는 성공하고 싶은 욕망이 큰 사람이었습니다. 성공의 기준은 돈을 많이 버는 것이고 떵떵거리며 사는 것이었습니다. 으스대고 싶었고 남들이 부러워하는 위치까지 올라가고 싶었습니다. 친구들보다 좋은 직장에 들어가는 것이, 동료보다 먼저 진급하는 것이, 이웃보다 더 좋은 차를 타는 것이 성공이라고 생각했습니다. 남들에게 보여지는 것이 중요하다 생각하여 좋은 옷, 좋은 차, 좋은 집을 가지게 되었을 땐 자랑스럽기까지 했습니다.

그런데 지금은 달라졌습니다. '성공은 겉모습이 어떻게 보이느냐가 아니라 속마음이 어떻게 성숙해지느냐에 달려 있다'라는 관점으로 변한 것입니다. 성공의 척도가 '주변에 어떤 좋은 영향력을 미치는가'로 변했고, 그러기 위해서 '지금 내 모습이 어떠한가'를 돌아보게 되었습니다.

그렇게 지난 내 모습들을 돌아보았을 때, 그동안의 나의 좋지 못한 모습과 영향력이 자연스레 우리 아이들에게도 전달되었음을 알게 되었습니다. 그래서 많이 미안했습니다. 이제는 아빠인 내가 먼저 변하려고 노력하고 있으며, 온 가족이 다 함께 변화의 시간을 갖자고 말하려고 합니다.

승기가 대학 진학을 위해 많은 생각을 하고 공부에 대한 계획을 정하는 가운데, 그보다 더 중요한 삶의 기준을 먼저 세우길 원하는 마음으로 올바른 기준을 찾는 데 같이 노력하겠습니다.

엄마의 참회록

by 고을 엄마

오늘은 눈발이 날렸습니다. '이 눈이 쌓이면 어떡하지'라는 걱정 속에서 창밖을 내다보았는데, 다행히도 비와 함께 사라지는 눈이기에 퇴근을 무사히 할 수 있었습니다. 눈은 어떤 이들에게는 기다리는 좋은 소식일 수도 있지만 어떤 이들에게는 기다려지지 않는 불편한 소식일 수도 있습니다.

이처럼 고을이가 돌아온 것이 우리에게는 불편한 진실이었습니다. 그러나 다시 돌아갈 날을 기다리며 3주를 보내게 되었습니다. 퇴근하는 차 안에서 어떤 이야기를 쓸까 생각해봤습니다. 여러 가지 생각들이 지나갔지만 나의 솔직한 마음을 써야겠다고 생각했습니다.

고을이가 집으로 돌아온 이유가 정학이라는 사실에 많이 당황스럽고, 많이 창피했습니다. 게다가 정학의 이유는 더욱 우리 부부를 경악하게 만들었습니다. 돌아온 고을이를 보면 때리고 싶었던 것도 사실이도 윽박지르고 싶었던 마음도 있었습니다. 그리고 집에 있어야 하는 고을이에게 이번 일이 학생으로서 얼마나 큰 잘못을 한 것인지 반성케 하고 싶었고, 다시는 이런 일들을 하지 못하도록 훈계하고 지적하고 싶었습니다.

또한 엄마와 아빠의 딸로서 해서는 안 될 일을 했기에 육체의 고통을 줌으로써 고통의 아픔을 인지시키고, 정신적인 상처를 줘서 잊지 못하도록 하고 싶었던 것이 나의 솔직한 마음과 생각이었습니다. 그래서 첫 주에는 창피함을 무릅쓰고 고을이를 병원에 데리고 다니면서 엄마가 얼마나 힘들게 일하는지, 어른들의 세상도 너희들의 갈등 속의 연장임을 알려주고 배우게 하였습니다.

두 번째 주는 집에 혼자 있으면서 밥을 스스로 챙겨 먹게 하고 청소와 빨래 등 엄마가 하던 집안일을 해봄으로써, 학생이 공부하는 것이 얼마나 당연한 일인지를 알게 하였습니다.

그리고 마지막 주는 다양한 체험을 통해 학생이 있어야 할 곳에 있지 못하는 것이 얼마나 부끄러운 일인지, 또 아빠가 당직을 서는 대학 병원에서 같이 밤을 새우게 함으로써 어른이 된다는 것은 책임져야 할 일들이 많다는 것을 깨닫게 하였습니다.

실은 더 솔직히 고백하자면, 고을이가 돌아옴으로써 나 자신을 뒤돌아보게 되었습니다. 그동안 정직한 척, 신실한 척, 선한 척했던 나에게 부끄러웠습니다. 큰 사건 사고는 없었지만 나 역시도 부모님께 속 썩이는 못된 딸이었고, 선생님께 말대답하는 당돌한 학생이었으며, 친구들 사이에서 이간질하는 나쁜 교우였습니다. 또한 사회인이 되어서는 지지 않으려고 선한 거짓말을 했고, 나를 제치고 앞서가는 사람들을 비난하고 원망하며 시기하였습니다. 또 정의를 앞세워 많은 직선적인 말로 옆에 있는 지체들에게 상처를 주었고, 주님의 뜻을 구한다는 명분 아래 제멋대로 생각하며 그 기준에서 벗어나면 정죄하는 등 모범적인 사람인 척하면서 사실은 바리새인이 되어 가고 있었습니다.

고을이와 함께 3주를 보내면서 참 많이 울고, 참 많이 부끄러웠습니다. 아이에게 좋은 거울이 되어주지 못했음에 죄송하고 송구합니다. 45살의 참

회록을 쓰면서 나 자신을 내려놓는 시간이었습니다. 이 시간을 되돌아보니 많은 감사가 있었습니다.

고을이와 함께한 시간 속에 고을이를 조금 더 이해하고 고을이 옆으로 다가가게 되었습니다. 이해는 생각으로 하는 것이 아니라 마음으로 하는 것임을, 또한 사랑의 표현은 낮은 목소리와 진실한 눈빛임을 새롭게 알게 해주셔서 감사합니다. 짧은 시간이었지만 고을이와 함께 있는 동안 옆에서 지켜보았을 때 '고을이가 성장해 가는구나. 이제는 진정한 만방인이 될 수 있겠구나.'라는 희망을 보게 되었습니다.

고을이가 부모의 강요도 아니고 누군가 시켜서 하는 것도 아닌, 이젠 스스로 해야 하는 과정 속에 한 발 디딘 것 같아 기쁩니다. 나중에 어른이 되어 이 일을 되새겨 보았을 때, 참으로 은혜의 시간이었다는 것을 알게 될 것 같습니다. 더 바라고 원하는 것은 고을이가 다시 만방으로 돌아가는 것입니다. 또한 더 간절하게 원하는 것은 고을이가 다시 만방인이 되어 선한 영향력을 미칠 수 있는 주님의 자녀가 되는 것입니다.

고을이를 그리고 부모를 반성케 하시고 다시 자신의 거울을 보게 해주셔서 진심으로 감사합니다. 늘 기도하는 부모가 되겠습니다. 늘 기다려주고 지켜봐주는 부모가 되겠습니다. 늘 감사하며 사랑하는 부모가 되겠습니다. 마지막으로 저희 딸 고을이를 한 번만 더 믿어주시고 응원해주시기를 진심으로 소망합니다.

아들을 조교(TA)로 추천합니다

by 박민규 아빠

이번에 만방을 졸업하는 박민규 아빠입니다. 어언 6년 반을 거슬러, 까까머리 꼬마 민규를 만방에 보내기 전 인간적인 두려움과 설렘으로 교장 선생님께 편지를 올렸던 기억이 나서 오늘 새벽 다시금 그 편지를 찾아서 읽어보고 글월을 올립니다.

황량한 하얼빈 벌판에 '오직 예수! 오직 믿음!'이란 만방의 깃발을 꼽고 많은 선생님들의 눈물과 헌신과 인내가 있었기에 오늘의 만방, 오늘의 민규가 존재함에 감사드립니다. 특히 어리고 철없는 민규를 맡아 한결같이 우리 부부보다 더한 사랑과 신앙교육으로 키워주신 은혜는 글로써 표현하기가 부족하고 감사할 따름입니다.

학업 성취보다는 왜 공부를 해야 하는지를 깨닫게 해주시고, 매년 인성과 신앙이 균형 잡혀가면서 성장하는 민규의 모습을 지켜보는 6년 반 동안 항상 행복과 감사의 연속이었습니다.

한국에서는 민규가 공부에 그다지 재능을 보이거나 관심이 적었던 터라 중국에 가서 얼마나 열심히 할 수 있을까 하는 마음이 상당했는데, 신앙의 성장과 함께 스스로 할 일을 찾아가는 아이의 모습을 보고 이것이 하나님의 기적이라 여기며 대견했습니다.

또한 중국은 물론 세계적인 명문 학교로 도약 중인 복단대학에 원하는 학과에 최종 합격하였으니, 하나님과 교장 선생님 그리고 모든 선생님들께 다시금 감사를 드립니다. “사랑합니다! 감사합니다!”라는 말밖에는 나오질 않네요.

대학은 또 다른 시작이지만, 만방에서 훈련받은 신앙 및 인성교육과 만방 선생님들을 평생의 멘토로 삼고 살아가는 민규가 이제는 부럽기만 합니다. 그리고 먼저 입학하여 대학교에서 민규를 사랑으로 기다리는 가족 같은 만방의 형, 누나들이 있으니 너무 행복하게만 보입니다. 평생을 함께할 만방이라는 울타리가 있다는 것만으로도 든든합니다. 약 한 달 반 동안 TA를 통해 그동안 만방에 진 사랑의 빚을 후배들에게 조금이나마 갚는다고 하여 “보람 있고 행복한 시간이 될 것이다”라고 격려해주었습니다. 민규 인생에 있어서 또 다른 감동의 파노라마를 만드는 기회가 될 것으로 생각됩니다.

그리고 작년 학부모 방문 때 잠시 상의한 적이 있는데 중3 때 호주로 유학 갔던 민규 형, 민석이가 자원입대하여 최전방 GP에서 군복무를 마쳤습니다. 민석이는 홀로 호주로 가서 중·고등학교를 다니면서 한인교회에서 나름 신앙훈련을 받았습니다. 그리고 멜버른 금융·회계학을 공부하다가 입대하였습니다. 얼마 전 민석이와 우리 부부는 상담 끝에 교장 선생님과 만방학교에서 검토한 후 허락해주신다면 민규 TA기간 동안 민석이도 만방에 들어가서 만방의 Spirit을 배우며 느끼고, 존경하는 선생님들과도 교제를 나누면서 향후 넓고 큰 세상을 어떻게 살아야 할 것인가를 직접 깨닫는 시간이 되었으면 하는 마음에 건의드립니다.

민규가 TA를 마칠 때까지 만방학교에서 민석이에게 역할이 주어진다면 성격상 잘 수행할 것으로 생각됩니다. 하반기에 다시 캠퍼스로 복학할 것인데 만방의 정신을 느끼고 체험하면서 오직 사랑으로 제자들을 키우는 만방 선생님들을 옆에서 볼 수 있는 것이야말로 최고의 살아있는 교육이 될 것으로 확신하여 민석이와 상의하여 결정하였습니다.

작년에는 군인들의 올림픽인 문경 세계군인체육대회가 개최되었는데 영어 통역병으로 차출되어 한 달여 동안 보람 있는 시간을 가진 적이 있습니다. 복학 전에 다시 한 번 자신을 돌아보며 사랑으로 헌신하는 만방 선생님들과 학교 시스템을 눈으로 보면서 인생을 재출발하길 바라는 부모의 간절한 마음과 본인의 의지를 합하여 교장 선생님께 사랑하는 마음을 듬뿍 담아 아들을 부탁드립니다.

다시 한 번 오늘의 민규를 키워주심에 감사드리며 한국에 오시면 최하진 박사님 및 선생님들께 맛있는 식사를 대접할 수 있는 기회를 꼭 주십시오!

교장 선생님, 진심으로 감사하고 존경하며 사랑합니다.

나는 완벽주의 엄마였어요

by 장성우 엄마

『아이의 완벽주의』란 책을 읽고, 내가 우리 아이에게 혹은 다른 가족에게 어떠한 영향을 미치고 있는지 깨닫게 되었습니다. 나름 아동미술치료라는 심리 상담도 공부하며 아이의 마음을 건강하게 키우려 했던 것도 단순히 나의 완벽주의 성향 때문은 아니었는지, 정말 아이의 마음을 잘 보듬고 있었는지를 되돌아보게 되었습니다.

아이에게 어떤 상황이 일어났을 때 나는 당연히 아이의 목소리에 귀를 기울이고, 항상 그에 적당한 반응을 해왔다고 생각했습니다. 그런데 이번 과제를 통해 아이와 대화를 나누면서 내가 그동안 아주 큰 오해를 하고 있었음을 알게 되었습니다. 그리고 책을 읽으면서 궁금했습니다. '나는 아이에게 어떻게 반응하는 엄마일까?' 그래서 학교에서 전화한 아이에게 갑작스럽게 물어봤습니다.

"엄마가 갑자기 성우한테 궁금한 게 생겼어. 성우가 엄마한테 해낸 일이나 기쁜 일을 말했을 때 엄마가 성우한테 보인 반응에 대해 어떻게 생각하고 있어?"

이렇게 질문하고는 내심 속으로 아주 자신만만하게 '당연히 긍정적인 반응이겠지'란 생각을 하고 있었습니다. 그런데 아들은 조금 충격적인 말을 했습니다.

"엄마는 항상 반응이 시큰둥했어. 그냥… '응, 잘했다' 했잖아."

이번에는 낙심했던 상황에서는 어땠는지 물어봤을 때, 아이의 대답은 또 나의 예상을 벗어났습니다.

"엄마는 위로보다는 '그럴 수도 있지' 하며 그런 상황을 쿨 하게 넘겼어."

그렇게 말하는 아들의 말투는 조금은 실망스러웠다는 느낌이었습니다. 생각지 못한 대답에 놀랐지만 일단은 성우에게 마음을 제대로 받아주지 못한 것에 대해 사과를 했습니다. 그리고 생각해봤습니다.

'나는 최선을 다해 아이의 마음을 받아주었던 것 같은데, 상대방은 왜 그렇게 느끼지 못했을까?'

이 질문의 답이 바로 책 안에 있었습니다. 주의 깊게 들어주는 것만이 끝이 아니었던 것입니다. 나의 문제는 말투에 있었습니다. 아이의 갈등이나 마음속의 진심에 초점을 맞추는 데 실패한 요인은, 대화를 하며 나오는 나의 말투가 아이에게 위로나 용기를 주기보다는 아이가 잘했든 잘못했든 그만인 것처럼 느껴지게 했던 것입니다.

그래서 아이는 이미 부모에게 그 존재만으로도 자신이 얼마나 소중한 사람인지를 깨닫지 못하고, 뭘 하든 더 좋은 결과를 내야만 한다고 생각했을 것입니다. 또 만약 좋은 결과를 내지 못할 것 같으면 시도조차 하지 않는 방향으로 조금씩 변해갔던 것은 아니었을지 생각하니 미안한 마음이 들었습니다.

'왜 나는 그동안 아무것도 하려고 하지 않았을까?'

그저 귀찮아하는 것처럼 보이던 아들의 마음을 조금이나마 이해할 수 있는 소중한 시간이 되었습니다.

나에게 있는 완벽주의가 내 부모님과의 상호관계 속에서 자리잡게 된 것임을 충분히 인지하고 있는데도, 또 잘못된 소통 방법으로 자기 자신이나 타인에게까지도 괴로움을 줄 수 있는 완벽주의 성향을 우리 아이에게 물려주고 싶지 않습니다.

지금부터라도 영혼 없는 칭찬보다는 진심으로 격려하고 용기를 줄 수 있는 마음을 보여줄 것입니다. 진심으로 아이의 마음과 감정을 공감해주고 응원하는 부모가 되겠습니다.

학부모 방문데이

by 남지연 아빠

출발하며

기다리고 기다리던 날입니다. 하나밖에 없는 딸아이를 멀리 보내고 아이가 생활하고 있는 학교를 직접 가서 볼 수 있다는 설렘을 가지고 손꼽아 기다렸던 학교 방문일. 그새 키가 얼마나 컸는지, 이마에 여드름은 없어졌는지, 발에 생긴 티눈이 심해서 고생한다는데 상태는 어떤지, 얼마 전엔 밤에 침대에 이마를 부딪쳤다는데 괜찮은 건지… 등등의 걱정과 함께, 학교는 어떻게 생겼는지, 같은 방을 쓰는 언니나 동생들과는 잘 지내고 있는지, 선생님들은 어떤 분들이신지… 등등. 꼬리에 꼬리를 무는 궁금증과 설렘들이 가득합니다.

하얼빈 공항에서 받은 신선한 충격

만방 학생들의 환한 표정이나 순수함은 익히 들어 알고 있었지만 공항에 마중 나온 졸업반 학생들의 나이답지 않은 앳되고 밝은 표정 그리고 예의 바르며 진심을 담은 깍듯한 태도가 새롭고 상큼한 느낌으로 다가왔습니다. 내심 우리 아이도 몇 년 뒤에는 이런 표정과 행동을 했으면 좋겠다는 바람을 담아 흐뭇하게 바라봤습니다. 타고 갈 버스 앞에서 무심코 가방을 내밀었는데. 누군가가 버스 짐칸 안까지 들어가 몸을 웅크리고 앉아 가방을 받아서 아주 정성스레 정리하고 있었습니다. 처음에는 당연히 운전기사 분이겠거니 생각했는데 아내가 반가움과 무안함을 담아서 인사를 합니다.

"만방학교 선생님 아니세요?"

그제야 뒤늦게 "아니, 선생님이 직접 이런 일도 다 하시네요. 지연이 아빠입니다. 지연이한테 말씀 많이 들었습니다. 정말 감사합니다."라고 인사했습니다. 궁색한 변명의 인사를 드렸지만 적잖은 충격이었습니다. 정말 이제까지 보지도, 듣지도, 생각지도 못했던 일이었기에.

만방학교에 들어서며

'우리 아이가 그토록 행복하게 생활하는 곳이 여기구나, 이렇게 생겼구나! 설립 과정에 온갖 어려움들이 있었다는데…'라는 생각을 하며 학교에 들어서니, 시설 하나하나에 눈길이 가고 감사함과 정겨움이 묻어났습니다.

학교 설명회에서 첫 순서로 교가를 배우는 것이 전혀 예상치 못했던 일이라서 조금은 어색하기도 하였지만 만방은 역시 뭔가 다르다는 기대감을 갖게 했습니다. 총교장 선생님께 전해 들은 학교 전반에 관한 설명은 대부분의 내용들이 익숙했지만 들을 때마다 감동적이고 흐뭇한 느낌이었습니다. 교육에 대한 철학이 바로 서니 그 성과나 열매들도 더욱 풍성해지고 있다고 해야 할까요?

교무실장님은 학생 개개인의 사례를 제시하며 만방의 교육 시스템이나 관점, 교육방식, 선생님들의 노력 등에 대해서 열정적으로 안내해주셨습니다. '선생님들께서 죽을 각오로 교육에 임하며 24시간 360도로 관찰하고 교육한다는 것이 결코 헛된 이야기가 아니구나!'라는 생각이 들었습니다.

교장 선생님께서 학생들과 자유롭게 소통하고 학생들 스스로가 자발적으로 활동할 수 있도록 이끌어주시는 모습도 정말 흐뭇하였습니다. 이런 관계와 분위기를 가꾸기 위해서는 얼마나 많은 정성이 필요할까요?

진실한 마음과 뜻과 정성을 담은 음악회

음악회의 모든 진행이 일사불란하면서도 수준이 높아 많이 놀라웠습니다. 무엇보다도 남학생들이 쭈뼛거리지 않고 환하게 웃으며 노래하고 율동하는 모습이 매우 특별한 느낌으로 다가왔습니다. 우리나라 남자 중·고등학생들에게 이런 율동을 하라고 하면 어떤 반응을 보일까요? 생각하면 할수록 정말 신기하다는 생각까지 들었습니다. '대체 어떤 교육의 힘이 만방의 학생들을 이렇게 움직일 수 있게 하는 것일까?'

모든 순서 하나하나가 다 감동적이었지만 마지막에 딸아이와 끌어안고 펑펑 운 경험은 정말 평생 잊을 수가 없을 듯합니다. 내 평생에 그렇게 많은 눈물을 흘렸던 적이 또 있었나 싶습니다.

만방에 다녀와서 하는 두 가지 결심

첫째, 성장하고 있는 아이를 보며, 부끄럽지 않은 부모로서 거듭나겠습니다. 아이들에게서 나오는 믿음의 고백이나 내적·외적인 면에서 바르고 반듯하게 성장해 가는 아이들 모습을 보며 흐뭇하기도 했지만, 아이를 보내고 허전함과 함께, 매일 주어진 똑같은 일상에 무료함을 느끼고 살았던 나의 모습을 되돌아보게 되었습니다. 하나님께서 선물로 주신 매일의 일상에 감사함을 잊어버리고 그저 모든 것을 너무도 당연하게 생각하며 나태하게 생활했던 모습을 반성합니다. 또한 나는 이곳에서 딸에게 부끄럽지 않는 부모가 되기 위해 정체된 나의 신앙과 모든 생활을 재정비하고 다시 일어서 삶을 열심히 살아내야겠다는 결심을 해봅니다. 과연 만방학교는 학생들뿐만 아니라 학부모들까지도 확실하게 교육하는 진정한 파워나지움인 것 같습니다.

둘째, 학생들에게 삶으로 본을 보이는 진실하고 좋은 선생님이 되겠습니다. 교사로서 나름 열심히 노력하고 학생들에게 진심과 정성을 다했다고 생각해왔는데 얼마 전 통화를 할 때 "엄마, 아빠도 만방 선생님들처럼 좋은 선생님 되셨으면 좋겠어요."라는 딸아이의 말을 듣고 '과연 만방학교 선생님들은 어떤 분이시길래…' 라는 의문이 들었습니다. 하지만 하얼빈 공항의 버스 짐칸에 들어가 계셨던 선생님의 모습이나, 학생들과 어려움이나 기쁨과 고민을 함께 나누면서 말보다는 삶을 통해 직접 본을 보이시며 소통하는 만방학교의 모든 선생님들의 모습을 가까이에서 뵈니 그것에 대한 답을 바로 찾을 수 있을 것 같았습니다.

'아이들이 마음 깊이 선생님들을 신뢰하고, 존경과 감사가 피어나니 혹독한 추위나 직접 빨래를 해야 하는 불편함도 기쁨이요, 행복일 수 있겠구나! 그러니 맛있는 것, 온라인 게임, 아이돌, 스마트폰으로 유혹해도 꿈쩍도 하지 않고 만방만 고집하는 것이 아닐까?'

행복한 아이의 모습에 감사, 아이를 행복하게 해주는 학교와 선생님들께 감사, 바르고 반듯하게 성장해주고 있는 학생들에게 감사, 우리 아이가 만방을 선택할 수 있었음에 감사. 이 모든 것을 예비하시고 인도해주시는 하나님께 감사하고 또 감사합니다. 또한 하나님께서 만방학교를 통해 어떤 인재들을 양육하고 훈련하실지, 또 그들을 어떻게 사용하실지 하는 기대감에 학교를 다녀오니 마음이 더 설렙니다.

아빠가 보낸 JD 통신문

by 김규현 아빠

기쁨 Be Joyful

한 달 만에 아이를 만나는 날, 설레는 가슴을 안고 공항에 마중을 나갔습니다. 많은 학부모님들이 같은 마음으로 나와 계셨습니다. 같은 생각, 같은 마음으로 자녀를 기다리는 부모님들과 아이들 모두 만남의 기쁨으로 가득했으리라고 생각합니다. 무엇보다 기쁜 것은 처음 부모와 떨어져 힘들었을 한 달, 모든 것이 낯설었을 텐데 잘 견뎌낸 아이를 생각하니 대견하고 더 없는 기쁨이라 여겨집니다.

교장 선생님께서 말씀하신 것처럼 교육을 생각할 때 도깨비 방망이 같은 기적을 무조건 바라는 것은 아니지만, 짧은 기간 변화된 모습으로 만나는 아들에게서 선생님들의 수고와 노력과 열정이 배어 나오는 것을 느끼며 기쁨은 더했습니다. 짧은 시간이었고 많은 것을 바란 것이 아님에도 불구하고 만방에서의 한 달을 통해 조금씩 변화하고 발전하고 있다는 생각을 하니 이 또한 기쁨이었습니다.

순종 Be Obedience

JD 기간의 약속들을 지키려고 하는 모습은 순종의 실천이라고 생각됩니다. 지도해주신 대로 한국에 와서 옛 친구들과 만나지 않음으로써 만방학교에서의 리듬을 깨지 않으려고 순종하는 모습에 감사했습니다. 불과 한 달 전까지도 친하게 지내던 보고 싶은 친구들의 이름을 이야기하면서도 만나지 않는 모습, 평소 같으면 즐겼을 컴퓨터 게임도 하지 않는 모습에 본인도 대견스럽다고 말하는 것을 들으니 학교 방침에 순종하고 선생님 권위에 순종하려는 자세인 것 같아 흐뭇했습니다비록 6시 기상과 10시 취침은 잘 지키지 못했지만….

가족 여행과 힘든 산행을 하면서도 아빠에게는 늘 위로를 주는 아들의 모습이 변함없었고, 엄마에게는 친구 같고 애인 같은 역할을 더 충실히 하려는 아들의 말과 태도를 보면서 존중과 효도의 마음, 순종의 마음을 볼 수 있었습니다.

감사 Be Thankful

오자마자 학교에 대한 자랑으로 가득했습니다. 오죽하면 친한 친구를 꼭 만방에 오게 하고 싶다고 말하는 아들을 보면서 학교의 가치를 알아가는 규현이에게 감사했습니다. 한국에 도착한 날 집안 어른들께 전화를 드릴 때 그리고 찾아뵙고 인사드릴 때 예전 같으면 묻는 말씀에 단답형으로 대답할 아이인데, 이제는 자세하게 말씀드리는 모습을 보면서 '전과 많이 달라졌네' 하는 감사의 마음이 있었습니다.

학교로 돌아가기 전날, 자기는 학교생활이 재미있고 잘해 나갈 테니 걱정 말라고 말하면서 오히려 자기를 그리워하는 부모를 걱정하는 어른스러움에 감사했습니다집안 어른들도 규현이가 어른스러워졌다고 칭찬해주셨습니다. 특히, 말씀을 묵상하는 시간을 갖는 모습에 더 없는 감사를 드립니다. 이 모든 것이 만방학교의 모든 선생님들 덕분임에 감사를 드립니다.

믿음 Be Faithful

가정예배를 드리며 믿음에 대한 성경 말씀을 나누었습니다.

"겨자씨 한 알만한 믿음이라도 있었더라면 이 뽕나무더러 뿌리가 뽑혀 바다에 심기어라 하였을 것이요 그것이 너희에게 순종하였으리라"(누가복음 17:6)

아무리 겨자씨만한 작은 믿음일지라도 그 작은 것에서 나오는 엄청난 믿음의 힘을 함께 묵상했습니다. 믿음이 얼마나 힘이 있고 능력이 있고 어려움을 극복해 나갈 에너지가 있는지를 생각해봤습니다.

주님의 말씀을 믿는 믿음! 가족, 친구 그리고 선생님을 신뢰하는 믿음이 인생의 커다란 힘이 되고 삶의 어려움들을 헤쳐 나갈 수 있는 능력이 되며 어려움에 처했을 때 위로가 되고 슬플 때 기쁨이 된다는 것을 함께 묵상하는 예배였습니다.

만방 교사, 만방 부모 teachers beyond parents

아들의 'JD 결심서'를 다시 읽어봤습니다. '이렇게, 이렇게 하겠다'라는 6가지의 기특한 결심들이 적혀 있었습니다. 부모로서 아이가 '하겠다'란 기특한 결심도 고맙지만, 전에는 했지만 지금은 자연스레 몸에 배어가는 '하지 않는' 습관들이 늘고 있다는 생각에 더 고마웠습니다.

아내는 늘 이야기합니다. 교장 선생님의 말씀에는 찔림이 있다고…. 아이를 학교에만 맡기고 기적을 바라고만 있는 모습을 버리고 부모가 교사이고 교사가 부모임을 잊지 말고 함께 기도해 나가야 한다고 말입니다. 더불어 부모면서 교사여야 하는데 부모의 자리에만 많이 있지는 않았나 하는 반성이 또 된다고 말합니다. 그런 점에서 이번 JD는 많이 부족했을 수도 있습니다. 그러기에 더욱 다시 한 번 만방 선생님들께 감사를 드립니다. '선생님'의 역할 그리고 부모와 떨어져 있는 아이들의 '믿음의 부모' 역할까지 해주시는 선생님들께 머리 숙여 존경과 감사를 전합니다. 부모 된 저희들도 다음 JD 때는 물론 늘 '만방 교사'와 '만방 부모'의 역할을 더욱 충실히 하도록 하겠습니다.

WISDOM
MATTERS

Part 3

BLOSSOMS OF WISDOM

위즈덤 블라썸

지혜의 꽃을 피우며 성장하는
만방 아이들의 이야기

Part 3

BLOSSOMS OF WISDOM

위즈덤 블라썸

지혜의 꽃을 피우며 성장하는
만방 아이들의 이야기

평범한 아이들이 비범한 일을 만드는 곳 '만방'

by 손승태(기업인)

1. 변하지 않는 인사

벌써 5번째 방문입니다. 이제 더 이상 하얼빈 공항이 낯설지 않네요. 공항에서 차를 타고 학교까지 가는, 이제는 제법 익숙해져버린 길을 가면서 조금씩 맥박이 빨라짐을 느낍니다.

문득, 만방학교에 처음 방문했을 때가 생각납니다.

'도대체 어떤 학교일까?'

'그곳에는 어떤 아이들이 있을까?'

한때 수학을 가르치고 청소년들과 가까이 해왔던 터라 만방학교에 대한 나의 기대는 다른 일행들보다는 더 컸던 것 같습니다. 대단하고 아주 좋은 학교라는 이야기는 많이 들었지만, 실제로 보기 전까지는 실감이 나지 않았습니다. 그렇게 40여 분을 달려 도착한 만방학교, 처음 받은 충격은 인사하는 아이들의 표정이었습니다.

"안녕하세요!"

마치 나를 알고 있었다는 듯 밝게 웃으며 큰 소리로 깍듯하게 인사하는 모습이 무표정하고 냉소적인 한국의 청소년들과는 전혀 다르게 느껴졌기 때문입니다.

"저 표정은 뭐지? 저 아이는 오늘 뭔가 좋은 일이 있나 보군!"

처음엔 그저 몇몇 아이들이 보여주는 특별한 표정일 거라고 생각했지만, 그 생각이 깨지는 데는 그리 오래 걸리지 않았습니다. 계단을 올라가는 동안 마주치는 모든 아이들이 마치 약속이나 한 것처럼 하나같이 밝은 표정과 깍듯한 태도로 인사를 하는 게 아니겠습니까!

"이 학교, 정말 뭔가 다르긴 다르구나."

이번에 방문했을 때도 아이들은 동일한 표정으로 인사를 합니다. 달라진 것이 있다면, "어?! 안녕하세요?"라고 알아봐주는 아이들이 생겼다는 것.

2. 3무(無) 경연 대회

이번에 만방학교를 방문했을 때는 매년 5월에 열리는 요리경연 대회를 볼 수 있었습니다. 작년에는 발표하는 것만 봤었는데, 이번에는 준비과정까지 볼 수 있었습니다. 그리고 준비부터 발표까지 지켜보면서 경연대회라면 당연히 있을 법한 3가지가 없는 것을 발견했습니다.

첫째, 야유가 없었습니다.

발표를 하는 과정에서 아이들은 연기를 하고 인터뷰 혹은 노래를 부르기도 했는데, 때로는 실수하고 어설픈 연기를 하거나 손발이 안 맞아 어색하기도 했습니다. 그러나 그때마다 지켜보는 아이들에게서 나온 것은 놀림이나 야유가 아니라 격려의 박수와 환호였습니다.

둘째, 경쟁이 없었습니다.

행사의 이름은 분명 '경연 대회'입니다. 상식적으로 봤을 때 경연 대회는 경쟁이 있어야 하고, 경쟁에는 승자와 패자가 있어야 하는데 만방의 경연 대회에는 경쟁이 없었습니다. 그저 함께 만들어 가는 축제만이 있을 뿐이었지요. 아이들은 '누가 1등을 하는가?'란 결과에 대해서는 애초에 관심조차 없었습니다. 모두가 1등이고, 모두가 승자였으며, 모두가 즐기는 축제의 시간이었습니다.

셋째, 소외된 사람이 없었습니다.

아이들이 열심히 음식을 만드는 동안 각 팀을 돌아다니며 한 사람 한 사람을 유심히 살펴봤습니다.

'다들 열심히 하고는 있지만 혹시 놀고 있는 아이들이나 소외된 아이들이

있지는 않을까? 누군가는 구경꾼이 되어 놀고 있지는 않을까?'

하지만 그런 아이는 단 한 명도 찾을 수 없었습니다. 아이들은 모두 각자 맡은 일이 있었고 그것을 신나게 하고 있었습니다. 대부분의 아이들은 내가 관찰하는 것조차 모른 채 집중하는 모습이었습니다.

3. 평범한 아이들의 비범한 이야기

'전중국 예술제 합창부문 1위'

이번 방문에서, 3년 전에 이어 올해 대회에서도 만방학교 합창단이 1위를 했다는 소식을 들을 수 있었습니다. 그런데 희한하게도 소식을 전해주시는 선생님들이 마치 동네 작은 음악회에서 1등을 한 것처럼 담담하게 말씀하시는 게 아니겠습니까? 어떤 대회에서 몇 등을 했는가는 별로 중요하지 않다는 이유였습니다. 아이들이 스스로 원하는 합창을 열심히, 행복하게 준비했고 대회에서도 즐기는 마음으로 최선을 다했기 때문에 결과는 중요하지 않다는 것이었지요.

더욱 놀라운 것은 이런 모습이 비단 선생님들만의 반응은 아니었다는 것입니다.

"너희들 이번 대회에서 1등 했다며? 정말 대단하다!"

"저희는 최선을 다했고 즐기면서 대회에 참가했어요. 그거면 충분해요"

"……"

수상 소식에 흥분한 아빠와 담담히 대답하는 아이와의 대화였습니다.

전문적으로 대회를 준비해온 다른 팀들과는 달리 합창을 좋아하는 아이들이 모인 동아리 개념의 만방 합창단. 운동으로 치면 프로대회에 참가해 우승한 조기축구회의 이야기쯤 될까요.

"우리 애들 노래 잘 못해요. 심지어 음치도 있어요."라고 웃으면서 말씀하시는 교장 선생님의 이해 안 되는 이야기. 노래를 못하는 합창단이라니….

평범한 아이들이 모여 만드는 비범한 이야기, 그리고 그 비범한 이야기를 아주 담담하게 말하는 아이들.

"팀워크는 평범한 사람들이 비범한 결과를 이루도록 하는 에너지원이다."

- 앤드류 카네기 -

교장 선생님의 이야기를 들으면서 이 말이 떠올랐습니다. 평범한 아이들이 모여 비범한 결과를 만들어 내는 만방 팀워크 아니 만방 공동체. 다음 방문 때는 또 얼마나 더 놀라운 이야기를 듣게 될까요? 이들이 만들어 낼 더욱 비범한 다음 이야기가 기대됩니다.

세뱃돈의 기적

만방장학재단이 만들어진 이야기

'힐링캠프'란 방송에서 차인표 씨가 자신의 선한 영향력을 드러내어 20,000명을 살린 것컴패션에 의하면 그 방송을 보고 20,000여 명의 어린이가 결연되었다고 합니다을 보고 만방 식구들 모두 많은 감동을 받았습니다. 그리고 그 감동이 식어갈 즈음, 한 학생이 편지와 함께 적지 않은 헌금을 기부하였습니다. 오른손이 하는 일을 왼손이 모르게 하라는 말씀처럼 그냥 일회성의 헌금으로 드리려 했습니다. 그러나 차인표 씨의 모습을 떠올리며 우리도 이 헌금을 오병이어를 드리는 어린아이의 마음으로 하나님께 드리기로 했습니다. 그리고 이 선한 영향력을 다른 사람들에게 알리고 함께 참여하기로 하였습니다. 이 작은 헌신이 우리 학생들 모두가 참여하는 만방장학재단이 설립되는 계기가 되었습니다.

그 학생의 간증을 소개합니다.

"여러분 안녕하세요. 저는 문정빈입니다. 간증하기 전, 말씀드리고 싶은 것은 제가 이 자리에 선 것이 저를 위해서도 아니고, 저를 뽐내기 위함도 아니란 것입니다. 이 일은 오직 하나님을 위함이고 우리 모두의 기쁨이 되기를 원합니다. 2주 전쯤에 제가 교장 선생님에게 짤막한 편지로 간증을 했는데, 그것을 이 자리에서 나누려고 합니다.

존경하는 교장 선생님께

선생님 안녕하세요? 저 정빈입니다. 잘 지내시죠? 어제 선생님이랑 같이 회의를 하고 나서 저의 마음속에 있었던 사랑과 헌신을 몸소 실천하고자 해서 이렇게 편지를 씁니다. 많은 생각과 용기가 있었기에 이렇게 선생님께 저의 짧은 간증을 하게 되었어요.

저번에 학교에서 배우 차인표 씨에 관한 영상을 보게 되었잖아요. 그 영상을 보는 내내 '나도 정말 헌신하고 싶고, 아름다운 사랑을 나누고 싶다. 비록 중국에 유학을 왔지만 저렇게 힘들고 굶주린 아이들을 도울 수 있는 방법이 없을까?' 하는 생각을 하게 되었어요. 그즈음 친누나가 캄보디아로 단기 선교를 가게 되면서 제게 기도를 부탁했어요. 저는 누나를 위해 또 캄보디아에 있는 아이들을 위해 많이 기도했죠. 누나가 아이들에게 영어를 가르치게 되었는데 기도를 하는 도중에 제 마음에 자꾸 '아 기도도 기도지만 직접 몸으로, 말로, 물질로 도와주고 싶다' 하는 생각이 들었고 현지에서 몸으로 말로 사랑을 나누는 누나가 참 부러웠어요.

그래도 어쩌겠어요. 휴학을 하고 아프리카로 슝~ 날아갈 수도 없고 단지 생각으로만 그쳐야 했죠. 시간이 흐르고 14일 날인 일요일, 저는 항상 헌금을 챙기기 때문에 헌금을 빼먹을 일이 정말 없었어요. 그런데 그날 JG 모임을 위해 LCLeadership Center로 가던 도중에 헌금을 가져오지 않은 것이 갑자기 생각난 거예요. 충분히 가져올 수도 있는 시간과 거리였음에도 불구하고 '이번에 하지 말고 나중에 두 배로 하지 뭐' 하는 마음으로 JG 예배를 드리러 갔어요. 아니나 다를까 헌금시간에 얼마나 양심에 찔리고 후회가 됐는지 몰라요.

예배 후 저는 외출을 갔다 왔고 날씨가 좋았던 탓에 곧장 운동을 했어요! 2시간이 후딱 지나서야 에너지가 고갈되었고, 정신을 차리고 보니 오른쪽 주머니에 있던 지갑이 사라진 걸 알게 되었어요. 아직 기숙사에는 들어간 적이 없고 계속 밖에만 있었는데, 그 지갑을 찾아 헤매면서 정말 수많은 생각이 들었어요. '아, 내가 혹시 헌금을 안 하고 돈에 욕심을 가지지는 않았나?'

결국 자포자기를 하고 기숙사에 기진맥진이 된 채 들어와 보니 정말 신기하게도 침대 위에 지갑이 놓여 있는 게 아니겠어요? 아마 지갑 앞면에 있는 제 증명사진을 보고 누군가가 갖다 놓았나 봐요. 아직도 누군지는 모르지만 정말 감사했어요! 그리고 하나님께 감사하면서도 한편으론 죄송하기도 했어요. 그래서 하나님께 '앞으로는 돈 욕심을 버리면서 살도록 하겠습니다'라고 기도했어요.

그 일이 바로 어제의 일이었는데 오늘 교장 선생님께서 마침 임원들을 불러 모으시고 하신 말씀이 헌금 이야기였어요. 듣는 내내 계속 저한테 하시는 이야기 같았어요. 나름 꼬박꼬박 헌금하고 용돈 기입장을 쓰면서 자기관리, 돈 관리를 잘한다고 생각하고 있었는데, 실제로 너무 부족한 제 자신이 정말 부끄럽게 여겨졌어요.

집이 부유하지 않아서 돈에는 정말 민감했던 저이기에 돈에 신경을 더 많이 썼는데 그러다 보니 저도 모르게 욕심이 생겼나 봐요. 사실 돈은 다 하나님의 것인데 말이에요. 교장 선생님께서 하시는 말씀 가운데 우리 학교는 다른 곳을 많이 돕는다는 말씀을 듣고 자꾸 '나도 무엇인가 도울 것이 없을까? 내가 가진 것으로 남을 도울 수는 없을까? 누구는 구두를 닦아서라도 한 푼 두 푼 모아서 후원하고 돕는다는데. 맞아, 사랑한다면 욕심을 버려야 되고 욕심을 버려서 나의 소중한 것도 내어줄 수 있어야 돼' 하는 마음이 들었어요. 그리고 곰곰이 생각해보니 저에게 소중한 것이 바로 '돈'이더라고요.

이 돈은 제가 설날에 받은 돈이에요. 태어나서 한 번도 10만 원 이상 용돈을 받아 본 적이 없었는데. 이번에는 나이가 많아졌다고 설날에 용돈을 많이 받았어요. 이렇게 많은 돈은 처음 만져봤는데. 쓰기도 무서워서 가지고만 있다가 중국까지 가지고 와버렸어요. 여기서는 한국 돈을 더더욱 쓸 일이 없었죠. 그래서 통장에 넣었어야 했을 돈을 그냥 캐비닛 안 깊은 곳에 넣어놓고 있었는데 그 돈이 마치 제 마음 한구석에 있는 욕심과도 같았던 거 같아요. 성경에서 1달란트 받는 자가 어리석게 땅에 숨겨두었듯이 말이에요.

하지만 이제는 나누어야 한다는 것을 깨달았어요. 제가 이 돈을 가지고 있어봐야 저의 짧은 생각으로는 어디 잘 사용할 수나 있겠어요? MP3나 정말 필요했던 전자사전을 살 수도 있겠지만 이번에는 저만을 위해서가 아닌 남을 위해서 이 돈을 쓰고 싶어요.

기부할 다른 방법을 몰라 교장 선생님께 드립니다. 선생님은 현명하시고 사랑이 많으신 분이니 이 돈을 좋은 곳에 써주실 거라고 생각합니다. 저도 많은 사랑을 받았으니 이제 나누어야겠죠? 그런데 참 신기하게도 작지 않은 돈임에도 베푼다는 생각에, 그리고 욕심을 버린다는 생각에 마음이 후련하고 뿌듯하네요. ^^

이렇게 많은 것을 알게 하시고 깨닫게 해주셔서, 또 많은 사랑을 주시고 좋은 모습으로 항상 도전을 심어주셔서 감사합니다. 사랑합니다. 여기서 이만 편지를 줄일게요!

국제부 중에도 이렇게 헌신하고 싶고 내어주고 싶은 사람들이 많을 거라고 생각합니다. 우리 국제부는 받은 사랑이 정말 많기 때문이죠. 돈이 많고 적은 게 중요한 게 아니라 그 마음이 어떤지가 정말 중요한 것 같아요.

사랑은 나눌수록 커진다는데 국제부를 통해 백배, 천배, 만 배로 커진 사랑이 만방 곳곳에 퍼져 나가길 소망합니다. 감사합니다."

대치동에서 만방으로

by 김채린

만방학교에서 생활하게 된 것이 하나님의 이끄심이었다는 이야기를 나의 글에서 뺀다면 할 말이 없을 것입니다. 하얼빈에 있는 만방학교를 가겠다고 했을 때, 많은 사람들이 반대하며 나의 선택이 잘못되었다고 말했습니다. 그 무렵, 난 한국에서의 생활 때문에 얻은 것도 참 많았지만 정말 값진 것을 많이 잃었음을 깨달았습니다. 친구들과 진지한 관계를 맺지 못해 자주 갈등이 생겼었고 성격도 점차 조급해져만 갔습니다.

그중 가장 심각했던 것은 항상 솔직하고 순수하게 하나님께 다가가고 기도했던 내가, 아무것도 하지 못하게 하는 공부에 대한 스트레스 때문에 점점 믿음이 흔들리며 하나님과 멀어지고 있었다는 것입니다. 이런 생활이 나에게 또는 주위 사람들에게는 만족스러웠을지 모르지만 하나님께서 보실 때는 전혀 만족스럽지 않으실 거란 생각이 들었습니다.

그때부터 하나님께서 주신 해답이 옳다고 생각했습니다. 힘들었던 마음을 해결하고 싶어 할 때 주신 해답으로 만방학교로 가는 길을 열어주신 것이 하나님의 부르심이라는 확신이 생긴 것입니다. 물론 그러한 결정을 하기까지 하나님에 대한 엄청난 믿음이 필요했습니다. 주위의 유혹과 방해 때문에 흔들리기도 했고, '한국에서도 잘할 수 있지 않을까?'란 좁은 생각을 깨기가 힘들었습니다. 만약 하나님이 나를 이곳으로 보내셔서 하나님의 훌륭한 자녀로 키우길 원하신다는 작지만 깊은 믿음이 없이 그분의 부르심을 의심했다면 분명히 이곳에 오지 못했을 뿐 아니라, 여전히 난 대치동에 살며 하나님의 자녀로 인정받지 못하는 불쌍한 삶을 살았을 것입니다.

그렇게 주위 사람들로부터 미쳤냐는 소리를 들으면서 오게 된 만방에서 지낸 지 1년, 이제 사람들은 나를 부러움의 눈길로 바라보며 대단하다고 말합니다. 이곳을 본 적도, 들어본 적도 없는 사람들이 그렇게 말하는 것은 만방으로 온 후 변한 나의 모습 때문이 아닌가 싶습니다.

만방학교에서 생활하며 변화된 것 중 하나는 바로 '공부'입니다. 이곳에 와서 많은 것을 배웠고 그것들을 통해 나의 비전을 차츰차츰 키워 나가고 있습니다. 처음에는 빡빡하고 시험 위주였던 대치동에서의 교육에 비해 만방에서의 공부가 부족한 것은 아닌가 하고 생각했었습니다. 하지만 만방에서는 기계처럼 아무런 목적 없이 공부만 하는 것이 아니라, 한국에서는 쉽게 경험하지 못하는 방법으로 수업을 듣고 배우고 있습니다.

중국에서 사는 만큼 중국어는 물론이고 EN(English) Class, Wise Class, SAP를 통해 영어 실력 또한 늘고 있습니다. 한국에서는 딱딱하고 형식에만 맞춰져 있는 문법, 읽기, 듣기, 쓰기, 단어 수업을 했다면 만방에서는 자유롭게 즐기는 영어 수업으로 회화, 그중에서도 특히 말하기와 많은 영어책을 읽는 것을 통해 편하지만 체계적으로 영어를 배우고 있습니다.

만방에서 중국어와 영어를 완벽하게 할 수 있게 해주는 수업을 듣고 실력을 키우면서 확신을 갖고 품게 된 비전이 몇 가지 있습니다. 그중 하나는 경제적으로 어려운 상황에 처해 있고, 다문화 가정이나 외국인 근로자들과 같이 사회적 약자들을 정직하게 변호해주는 '국제 변호사'가 되는 것입니다.

평범한 사람들이나 사회적으로 지위가 있는 사람들만을 변호하는 것이 아니라, 도움이 정말 간절하게 필요한 사람들을 변호해주는 것이 내가 만방학교에서 배우고 공부하면서 생겨난 꿈들 중 하나입니다.

두 번째로 변화된 것은 '사회생활'입니다. 이상하게도 이곳 사람들은 모두 다 착하고, 믿음 좋고, 사랑이 넘쳐나는데 오히려 한국에서보다 인간관계에서 더 많은 어려움을 겪었던 것 같습니다. 하나님께서 나에게 새로운 가르침을 주시고자 그런 어려움을 겪게 하신 것이기도 하지만 또 다른 이유가 있습니다.

만방은 공동체 생활을 하는 곳이고, 사람들끼리 함께 있는 시간도 많다는 것이 장점인 곳입니다. 그렇기 때문에 인간관계에서도 계속 문제가 생기는 것이라고 생각합니다. 한국에서는 공부에만 신경 쓰느라 다른 사람들과 함께하는 시간이라곤 쉬는 시간뿐이었으니 당연히 인간관계에 어려움을 겪지 않을 수밖에요. 문제가 있어도 별로 중요하게 여기지 않았고 힘들어도 그냥 넘겨버리려고 했던 내 모습을 지금 되돌아보면 참 안타깝습니다. 거기서 겪게 되는 고난이 나중에 얼마나 큰 도움이 되고 기쁨이 되는데 말입니다.

만방에서 내가 가장 많은 어려움을 겪었던 것을 한 단어로 말하자면, '질투'였습니다. 우리는 인간이기 때문에 계속해서 비교하고 질투를 하게 됩니다. 이곳에 온 지 몇 달 안 되었을 때 나는 같은 방을 쓰는 친구, 같은 반에서 수업하는 언니들, 그 외에도 여러 사람들에게서 질투를 받았는데 그게 너무나 힘들었습니다. '내가 뭘 잘못했나?' 생각하며 괜히 움츠려들기도 하고, 누군가에게 미움을 받는다는 것에 익숙하지 않았던 터라 너무 속상했습니다.

그때 내게 도움을 주신 분들은 교장 선생님과 여러 선생님들이었습니다. 사실 나는 내 마음 하나 제대로 알지 못하고 힘들어만 했습니다. 하지만 교장 선생님이 알려주신 대로 나를 힘들게 하는 한 사람 한 사람의 성격, 마음, 관계를 모두 스스로 분석해보고 써보니 달라져 있었습니다. 나의 마음을 정리하고 더 편안하고 가뿐한 마음으로 배움을 얻으며 더욱 강해져 있는 내 모습을 발견한 것입니다. 그리고 그 친구들 역시 한층 더 성숙한 모습으로 변화되어 있었습니다. 심지어 그 친구들이 기도 모임 중 내게 먼저 다가와 기도를 해주기도 했답니다. 이렇게 다져 나감으로써 지금은 어려움이 생길 때마다 스스로 적고 분석하면서 독립적으로 해결 방안을 찾아나갈 수 있게 되었습니다.

세 번째로 변화된 것은 '리더십에 대한 생각'입니다. 그동안 만방 생활에 적응을 해서 그런지, 이번 학기에 더더욱 '리더십' 때문에 힘들었습니다. 나의 원래 성격은 다른 사람들에게 의견을 잘 표현하지 못하고 사람들을 이끄는 것도 힘들어합니다. 하지만 만방이라는 곳에 심어져 있는 많은 리더들을 보고 '나도 저렇게 되고 싶다'는 마음으로 항상 고민하곤 했습니다. 한국에서는 '리더십이란 회장이 되는 것'이라고 매우 단순하게 생각했지, 진지하고 깊게 리더십에 대해 생각해본 적이 없었습니다. 그러나 만방에 와서 이런 생각을 할 기회가 생겼다는 것이 너무나 감사했습니다. 리더십 문제에 대해 교장 선생님께서 관심과 용기를 심어주시고, 리더의 단계를 하나하나 밟아갈 수 있게 도와주셨습니다.

그리고 이번에는 특히 부모님의 도움도 많이 받았습니다. 부모님께서는 조급해할 필요가 없다고 격려해주시면서, 내가 한 걸음 더 편한 마음으로 리더의 자리로 나아갈 수 있게 마음을 만져주셨습니다. 게다가 이로 인해 부모님과의 관계가 더욱 가까워진 것 같아 너무나 뿌듯하고 기쁩니다.

마지막으로 변화된 것은 '하나님과의 관계'가 더욱 친밀해졌다는 것입니다. 내 주변에는 하나님께 의지하면서 그분의 형상을 닮아가고자 변화되어 가고 하나님이 동행하는 삶을 사는 사람들이 넘쳐나기에, 나 역시도 그들처럼 결심하고 계속 노력할 수 있었습니다. 뜨거운 JG 예배, 기도 모임, 찬양 모임 등은 그저 일부분일 뿐입니다. 하나님의 이야기를 하며, 의지하고, 기도로 먼저 구하는 나의 모습을 본다면 더 깊은 곳까지 들어오고 계시는 하나님을 볼 수 있을 것입니다. 내가 하나님의 일에 더욱 적극적으로 참여하고 삶 가운데 변화를 보이는 것은 모두 좋은 환경, 이곳 만방으로 하나님이 나를 불러주셨기 때문입니다.

나는 만방에 와서 지성, 인성, 영성 모든 부분을 골고루 기르고 성장해 나가고 있습니다. 물론 이곳에 와서 쉽고 즐겁게만 생활한 것은 아닙니다. 때때로 고난과 슬픔이 있었기에 하나님을 더욱 의지하며 성장할 수 있었고, 더 많은 배움으로 더 큰 기쁨을 얻을 수 있었습니다.

여전히 나는 부족합니다. 하지만 하나님께서는 분명 나를 계속해서 성장시키기 위해 계획을 갖고 계신다는 것을 믿기에 더 크고 넓은 세계를 바라보며 높은 꿈을 꾸고 노력하고 있습니다. 또한 내 삶의 사소한 모든 부분까지 하나님이 함께하시길 바라는 마음으로 항상 기도할 것입니다.

만방이 가져다준 가족의 변화

by 이원혁

나는 만방에 와서 참으로 많이 변화되었습니다. 그런데 내 변화만큼이나 가족관계도 변화되었습니다. 지금 우리 가족은 서로를 믿고 의지하며 사랑하고 함께하는 것을 좋아하는 화목한 가정이지만, 불과 2년 전까지만 해도 자주 다투고 힘든 시간을 보냈습니다.

말하기 부끄럽지만 그전에 나는 공부도 안 하고 교회에도 잘 나가지 않았습니다. 아빠는 아빠대로, 엄마는 엄마대로 스트레스를 받으셔서 우리 가족은 다들 서로를 피하기만 했습니다. 그러다 보니 나와 원준이는 아빠가 비행 가시는 날만 기다리고, 엄마는 아빠가 돌아오기만을 기다렸습니다. 그리고 언제부턴가 웃음보다는 화를 내거나 짜증을 내는 일이 더 많아졌습니다.

그러던 중 만방학교에 대해 알게 되었습니다. 아빠는 우리를 북경이나 상해에 있는 시설 좋고 큰 학교에 보내자고 하시고, 엄마는 만방학교에 보내고 싶다고 하셔서 이 일 때문에 두 분이 다투기도 하셨습니다. 하지만 엄마의 기도 덕분인지 결국 나와 원준이는 만방으로 오게 되었습니다. 그리고 우리는 여기서 하나님을 만나고 바르게 자라나면서 너무나 많이 변화되었습니다.

기독교에 늘 불만을 갖고 계시던 아빠는 변화된 우리의 모습을 보며 점차 긍정적으로 변하셨고, 엄마는 우리와 삶을 나누면서 어느 순간부터 우리 가정의 모든 것을 하나님께 맡겨드리고 모든 일에 기도를 하셨습니다. 점차 우리 가족은 서로에 대한 믿음이 생기고 의지하며 사랑하게 되었습니다. 서로의 의견을 존중하고 서로를 위해 기도해주며, 각자의 비전을 공유하고 아빠의 믿음을 위해 기도하는 가족이 되었습니다.

나는 이 모든 게 하나님께서 계획하신 일이라고 믿습니다. 만방에 오지 않았다면 하나님을 진심으로 만나지 못했을 것입니다. 또한 가족의 중요성을 깨닫지 못했을 것입니다. 하나님께서는 정말 가족이 나에게 주신 최고의 선물이라는 것을 알게 해주셨습니다.

또 감사한 것은 아빠의 변화입니다. 엄마가 힘들어하실 때면 비록 농담이긴 하지만 교회에 가서 기도해보라고 하시기도 하고, 이번에 우리가 하얼빈으로 오는 비행기를 못 탔을 때도 하나님의 인도하심에 대해 말씀하시기도 했습니다. 또한 가끔씩 교회도 나가십니다. 그래서 나는 지금 너무나 행복합니다.

아직 아빠의 믿음이 온전치 않아서 우리 가족의 중심이 완전히 하나님께 있는 것은 아니지만 언젠가 하나님께서 선하게 인도해주시리라 믿고 기도하겠습니다.

자신을 인정하는 법

by 이혜진

'나는 왜 쟤보다 피아노를 못 칠까? 쟤는 나보다 만방에 늦게 왔는데 왜 나보다 공부를 더 잘하지? 쟤는 나보다 어린데 왜 학교에서 더 많은 일을 하지? 나는 왜 딱 하나 특별하게 잘하는 게 없지?' 등등. 나는 남들과 비교를 정말 많이 했습니다. 그리고 이렇게 비교하는 습관은 찬양팀, 합창단, 공부, 신앙 그리고 관계 등 모든 생활에 너무나도 안 좋은 영향을 끼쳤습니다. 언제 어디서 무엇을 하든지 자신이 없고 의욕이 생기지 않았고, 남을 미워하면서 우울한 날이 기쁜 날보다 더 많았습니다. 게다가 이러한 비교의식은 열등감을 느끼게 했을 뿐만 아니라 나를 교만하게도 만들었습니다.

이렇게 힘든 날들이 점점 많아지다 보니, 더 이상은 이 상태로 놔둬서는 안 되겠다는 생각이 들었습니다. 하지만 어떻게 해야 이 비교의식을 없앨 수 있는지 방법을 몰랐습니다. 그때 여러 선생님들께서 해주신 말씀들이 생각났습니다. "너 자신을 사랑해라, 남들과 비교하지 마라, 너 자신을 인정할 줄 알아야 한다. 너의 장점을 찾아봐라, 감사해라, 긍정적인 생각을 해라" 등등의 말이었습니다. 그중에서도 "감사해라"라는 말을 제일 많이 들은 것 같습니다. 생각해보니 내 안에는 감사하는 마음이 전혀 없었습니다. 그래서 의지적으로 감사한 마음을 가지는 것을 실천해보기로 했습니다.

상황이 바뀌지 않았는데 감사한 마음을 갖는 것이 처음엔 쉽지 않았습니다. 그래도 매일 5개씩 감사제목을 써보고, 감사에 관련된 책도 읽으면서 계속 노력했습니다. 감사제목은 일부러 더 구체적으로, 감사하기 싫은 것까지도 감사하다고 적었습니다. 정말 미워하는 친구가 있으면 '이 친구를 만나게 해주셔서 감사합니다'라고 썼고, 시험을 정말 못 봤을 땐 '시험을 못 봤지만 이번 기회를 통해서 다시 한 번 도전할 기회를 주셔서 감사합니다'라고 썼습니다. 정말 사소한 것들도 다 감사하다고 썼습니다. 나랑 사이가 안 좋았던 친구가 나한테 웃으면서 인사하면 그것도 감사제목에 썼고, 시험 때 빈칸을 다 채운 것도 감사제목에 썼습니다. 이렇게 하나하나 쓰다 보니 감사할 게 정말 많다는 것을 깨닫게 되었습니다.

이렇게 비교의식을 극복하기 위해 노력하는 중에 나 자신을 인정하는 법도 배웠습니다. 나는 원래 내가 못하는 것을 인정하기 싫어했습니다. 특히 나보다 만방에 늦게 온 사람이 나보다 공부 혹은 생활을 잘하는 것을 볼 때마다 열등감을 느꼈습니다. 사람들은 각자 자신이 잘하는 게 있고 못하는 게 있다는 것을 잘 알면서도 그 사실을 인정하기 싫었습니다. 하지만 시간이 지나면서 자신이 무엇을 잘하고 못하는지를 알고 또 그것을 인정하는 게 중요하다는 걸 깨달았습니다.

그리고 스스로를 인정하게 되었을 때야 비로소 내가 가지고 있던 욕심들, 질투, 열등감 등을 내려놓을 수 있었습니다. '나는 왜 못하지'라는 생각에서, '나는 아직 이런 점이 부족하니까 저 사람을 보며 이 점을 배우고 내 부족한 점을 채워 나가야겠다. 이런 기회를 통해서 또 배울 수 있어서 감사하다'라는 생각으로 바뀌면서 나의 생활도 긍정적으로 변하고 행복을 느끼게 된 것입니다.

아직도 가끔 비교하는 마음이 생길 때가 있습니다. 그러나 이전의 모습이 아닌 긍정적인 생각과 감사한 마음을 갖게 된 것은 그동안의 훈련의 시간이 좋은 습관으로 자리를 잡았기 때문입니다.

비록 많이 힘들었지만 지금은 너무나 감사합니다. 그런 힘든 시간이 없었다면 지금의 나는 있을 수 없을 테니까요. 비교하는 마음으로 힘들어하는 친구가 있다면 너무 힘들어하지만 말고 감사할 것을 찾으며 다른 사람들의 모습을 통해 배우고, 나의 부족함을 채워 가며 앞으로 변화될 자신의 모습에 기대하라고 말해주고 싶습니다. 감사를 통해 언제나 기쁨이 넘치는 우리 모두가 되길 바랍니다.

풍요로운 배움의 기회들

by 중남미초원 볼리비아 목장 최보인

만방에는 정말 많은 활동들이 있습니다. 그 많은 활동들을 통해 풍요로워지고 항상 감사하는 마음으로 살아가고 있는 나의 삶을 나누고자 합니다.

첫 번째로는 찬양팀 활동을 통해 삶이 풍요로워졌습니다. JG 예배를 준비하면서 더 많이 기도하게 되었고 날마다 QT를 하게 되었습니다. 자연스레 하나님과 함께하는 시간이 많아지고 아침마다 받은 말씀과 메시지로 하루를 시작하게 되니, 삶 속에서 실수도 줄어들고 하나님이 보시기에 더 기쁘게 살려고 노력하게 되었습니다. 또 최근에는 매일 아침 QT 모임을 하면서 그 말씀으로 많은 교훈과 나눔의 기쁨도 얻을 수 있었습니다.

두 번째로는 만방합창단 활동을 통해 삶이 풍요로워졌습니다. 처음 만방합창단이 생기고 국제부 전체가 LC에 모여 오디션을 볼 때까지만 해도 기대하는 마음들이 커서 무엇이든 잘할 수 있을 거란 자신감이 있었습니다. 그러나 막상 합창단 활동을 해보니 크고 작은 문제들에 부딪혔습니다. 여러 사람들 앞에서 혼자 노래를 불러야 하는 상황이 오고, 전국 대회를 나가기까지 많은 무대에 섰어야 했는데 그런 상황들도 너무나 두렵고 떨려서 합창하는 것이 은혜와 기쁨이기보다 심적 부담감으로 다가온 것입니다.

하지만 여러 만방인들의 기도와 선생님들의 도움 그리고 여러 차례의 무대 서기와 연습을 통해 점점 자신감을 얻고 무대를 기쁜 마음으로 즐길 수 있게 되었습니다. 그러면서 점점 하나님께 집중하게 되었고, 한 번의 무대를 한 번의 예배로 올려드릴 수 있게 되었습니다.

가끔은 나를 강하게 만드는 훈련들이 너무나 혹독하고 힘들어서 눈물을 펑펑 쏟으면서 연습할 때도 있었습니다. 그러나 그 시간들은 지금 내가 합창을 사랑하고 하나님이 기뻐하시는 합창이 무엇인지 깨닫게 해주었으며 내 삶에서도 많은 변화를 가져다주었습니다. 감정표현이나 내 의사를 잘 표현하지 못해 마음속으로 삭이며 혼자 힘들어하는 일도 많이 줄었고, 다른 사람들의 시선을 의식하지 않으면서 마음껏 찬양하고 기도하며 하나님과 더욱 가까워졌습니다.

세 번째로는 동아리 활동을 통해 삶이 풍요로워졌습니다. 특별히 다큐 동아리 활동을 하면서 많은 변화들이 있었습니다. 한국에서는 많이 배우지 못했던 편집 방법이나 영상 촬영 방법을 전문가 선생님께 직접 배울 수 있었고, 내 손으로 직접 영상을 기획하고 구상하고 만들면서 기술도 익힐 수 있었습니다. 그러면서 초등학생 때부터 가지고 있었던 아나운서, 작가, 기자, PD 같은 장래희망을 더욱 구체화할 수 있었습니다. 분명한 의지가 있었던 것은 아니지만 동아리 사람들과 선생님에게 이런 나의 비전과 꿈을 나누고 그 자리에서 열정을 가지고 하나하나 배우고 있었습니다.

그러던 중에 동아리를 통해 '만방 미디어팀'이라는 또 다른 배움의 기회와 사명이 주어져 더 깊이, 더 많은 것을 볼 수 있게 되었고 더 구체적으로 비전을 세울 수 있게 되었습니다. 그 비전은 바로 영상으로 하나님의 감동을 찍고 세계 곳곳에 알리며 세상 문화에 절대 타협하지 않는, 하나님께서 친히 사용하시는 PD가 되는 것입니다. 그런 멋진 PD가 되기 위해 지금부터 체력을 기르고 책도 더 많이 읽고 글도 더 많이 쓰면서 생각과 실력을 키워 갈 것입니다.

만방에는 다양하게 배울 수 있는 기회의 문이 활짝 열려 있습니다. 그러나 배우고자 하는 의지와 도전하는 자세, 적극적으로 참여하고자 하는 열정, 선생님들께 지혜를 구하고자 하는 자세가 없다면 아무리 많은 활동들과 기회들이 있다 해도 그것이 나의 삶을 발전시키고 풍요롭게 만들기는 어려운 것 같습니다. 여러분도 선택받은 귀한 사람들인 만큼 만방을 통해 삶이 더욱 풍요로워지도록 도전해보시기 바랍니다.

친구

by 강영진

주위를 둘러보면 모두 자기의 소중한 친구들이 있을 것입니다. 그들은 이 세상에서 하나뿐인 소중한 친구겠지요. 만방에서 자라면서 나는 친구에 대한 생각이 많이 변했습니다. 지금 나와 함께하고 있는 졸업반 친구들이 너무나 좋습니다. 그들은 때로 나의 무거운 짐을 나눠서 지어주고, 실수할 땐 따끔한 충고도 해주며, 힘들어하는 나를 위해 진심으로 기도해주는 소중한 동역자입니다.

중학생 때 나에게 친구란 같이 놀고, 같이 밥 먹고, 나의 실수를 숨겨주는 사람이었습니다. 그때는 친구들과 함께 축구도 하고 배드민턴도 치다가 가끔씩 다투기도 하였고, 어린 마음에 친구가 나 말고 다른 친구와 같이 있으면 상처받고 질투도 했습니다. 그러다 보니 어느새 편이 갈리고 같이 다니는 사람들끼리만 친하게 지냈습니다. 그러나 그러한 친구관계는 오래가지 못했습니다. 점점 자라면서 진정한 친구는 같이 놀고 같이 다니기만 하는 것이 아니란 것을 알게 되었습니다.

내가 조금 더 자랐을 때에는, 친구는 내게 좋은 경쟁자였습니다. 그때는 서로 은사가 다른 친구들을 보며 자극받고 서로 발전하게 되는 동기부여를 만드는 것이 친구관계라고 생각했습니다. 그래서 가끔은 내 장점을 잊고 남의 장점만을 보며 내 것으로 만들려고 했습니다. 그러다 그게 질투와 시기로 번지기도 하였습니다.

9, 10학년 때는 어문 공부가 너무 벅차서 나보다 더 잘하는 친구들을 부러워하고 더 잘하고 싶다는 마음이 들었습니다. 그래서 내가 못하는 것을 숨기고 겉으로 잘하는 척하는 안 좋은 습관을 갖게 되었습니다. 이렇게 맺은 친구관계는 서로 긍정적인 힘을 주며 도움이 될 수도 있겠지만 진정한 친구관계는 아닌 것 같았습니다.

그렇게 졸업반이 되어 입시를 모두 마치는 과정 속에서 결국 나는 진정한 친구가 무엇인지 확실히 깨닫게 되었습니다. 지금 나에게 친구란, 인생을 함께하는 동역자입니다. 우리는 각자 은사도 다르고 꿈도 다릅니다. 하지만 우리에게는 모두 Multicultural Global Servant Leader가 되겠다는 동일한 비전이 있습니다. 그렇기에 우리는 서로 마음의 귀를 열고 따끔한 충고도 받아들이며 서로를 존중해줄 수 있는 것입니다.

만방에 살면서 때로는 옆에 있는 친구가 얼마나 소중하고 귀한지 모를 수도 있겠지만 시간이 흐르면 언젠가는 그 친구가 얼마나 소중한지를 마음속 깊이 느끼게 될 것입니다. 만약 내 옆에 나와 경쟁하는 친구들만 있다면 얼마나 힘들겠습니까. 하지만 우리 만방학교는 학교 이상의 가족이기에 남이 잘되는 것을 같이 기뻐하고, 힘들 때 같이 힘들어하는 행복한 공동체인 것 같습니다.

친구 사이에는 표현과 이해가 가장 중요합니다. 때로는 손해를 보고 상대방이 잘못했어도 그를 먼저 용서하고 이해해줬으면 좋겠습니다. 그리고 내 마음속에 있는 감정을 가면 씌우지 말고 그대로 표현해봅시다. 그러면 더욱 더 끈끈하고 행복한 관계가 맺어질 것입니다.

내가 만방에서 얻은 것 중에 가장 소중한 것을 꼽으라고 하면, 나를 있는 그대로 표현하는 법을 배운 것입니다. 지금 나는 내가 못하는 것을 보이는 것이 두렵지 않고 너무나 즐겁습니다. 그래서 나의 있는 그대로의 모습을 숨기지 않고 부족한 모습을 그대로 드러냅니다. 이런 모습이 서로에게 친근감 있게 다가가 서로를 더욱 믿을 수 있게 하는 것 같습니다.

이제 곧 졸업을 앞두고 만방에서의 삶을 하나하나 다시 돌아보면 친구들과 함께 서로 안아주고 기도했던 것이 가장 먼저 떠오릅니다. 남자들끼리 서로 안아주며 사랑한다고 말하는 것이 솔직히 좀 쑥스럽지만 그런 사랑이 정말 멋있는 것임을 깨달았습니다. 지금의 나는, 나 혼자 만든 것이 아닙니다. 친구들의 사랑이 나를 지금까지 일어서서 앞으로 달려갈 수 있게 해주었습니다. 만약 친구들이 없었다면 나는 지금 이곳에 없을 수도 있습니다.

이제 곧 대학에 갈 텐데, 그곳에서 하나님은 또 어떠한 만남을 준비해 두셨을까요? 어떠한 만남이든지 모두 다 소중히 여기고 친구를 더욱더 사랑하는 마음을 가지려고 합니다. 만방에서 맺어진 소중한 인연은 정말 값으로 따질 수 없습니다. 앞으로 만방에서 옆에 있는 사람들을 더욱더 소중히 여기고 서로 사랑하는 만방 공동체가 되길 기도합니다.

꿈을 향한 실천 _ 좋은 관계 맺기

by 심서연

이번 학기 들어서 부쩍 꿈에 대해 고민하던 중 『하늘 경영』이란 책을 읽게 되었습니다. 그 책에 '경영은 사람의 마음을 움직이는 것이다'라는 구절이 CEO의 꿈을 가진 내게 많은 생각을 하게 하였습니다. 최고의 경영자이신 예수님을 닮은 '하늘 경영'을 하려면 타인을 존중하고 경청하며 말하고자 하는 것을 지혜롭게 전달해야 한다고 생각했습니다. 그래서 이 일을 위해 내가 할 수 있는 것이 무엇일까 생각해봤습니다. 문득 지난 학기 만방에 오면서 결심서에 '생활관을 비롯해서 여러 사람들과 생활하며 좋은 관계 맺기'라고 썼는데 별로 실천이 되지 않았다는 것을 깨달았습니다. 힘들어하는 친구나 동생을 보살피기보다는 개인적인 고민들을 하면서 시간을 보내고 때때로 시기와 질투를 했던 내 모습을 돌아보며 부끄러웠습니다.

24시간 함께 생활하는 만방에서의 삶은 내가 관계 맺는 게 약하다는 것도, 특히 다른 사람들을 빠른 시간 내에 내 기준으로 파악해 놓고 그 뒤로 더 이상 마음을 열지 않는다는 사실도 깨닫게 해줬습니다. 그러나 그보다 더 힘들었던 건 내게 그런 면이 있다는 것을 인정하고 받아들이는 것이었습니다. 성격상 단점을 인정하는 것이 내게는 정말 힘든 일이기 때문입니다. 하지만 이젠 그런 부분들을 인정하게 되면서 오히려 더 편하게 친구들과 관계를 맺고 성장해 나갈 수 있게 되었습니다.

그래서 이번 학기 목표 중 하나로 '다른 사람들을 위해 마음을 열고 직선적인 말투는 때를 가려 쓰며 사람을 섣불리 판단하지 않는 것'으로 정했습니다. 사실 학기가 시작되었을 때는 여러 시행착오를 겪으면서 좀 힘들었는데 점점 방향을 잡아가며 목표한 바를 실천할 수 있었습니다. 아마도 생활관에서 중국 친구들과 함께 생활하며 하나님을 내 삶으로 전하겠다고 마음을 먹게 되면서 그런 변화가 시작된 지도 모르겠습니다.

또 전에는 관계 문제에 대해 너무 고민하고 힘들어했다면, 이제는 하나님께 그 문제를 맡기고 의지하며 마음 편히 지내는 법을 배우게 되어 이 훈련을 지혜롭게 헤쳐 나갈 수 있게 되었습니다.

이렇다 보니 내 삶에도 조금씩 변화가 생겼습니다. 만방에서 지내는 게 불안했던 첫 학기와 달리 마음에 여유를 가지고 더 행복하게 지낼 수 있게 된 것입니다. 또 나와 맞지 않다고 생각했던 친구에게 내가 주었던 상처에 대해 용서를 구하고 화해함으로써 더 친해지게 되었고, 처음 본 친구를 선불리 판단하지 않고 친구의 행동 중 불편한 점이 있어도 어느 정도는 받아들이려고 합니다.

물론 아직도 많이 서툽니다. 어떨 때는 나도 모르게 상처를 주기도 하고, 다시 깊은 숲 속으로 돌아가는 경우도 있습니다. 또 어떤 때는 친구를 미워하고 있는 나 자신을 발견하며 스스로를 한심해하기도 합니다. 이처럼 관계 맺는 것이 아직 익숙하지는 않지만 너무나 중요한 일임을 알기에 앞으로 어떤 슬럼프가 온다고 해도 계속해서 다른 사람을 품기 위해 노력할 것입니다.

이 일은 내 꿈을 이루어 가는 과정 중 꼭 필요한 실천이기도 합니다. 만약 내가 CEO가 되어 회의를 갔을 때 참석한 다른 사람들이 다 나와 맞을 수는 없을 것입니다. 그런데 내 기준에 맞지 않는 사람이라고 해서 함께 가지 않는다면 내 기업은 어떻게 될지 안 봐도 뻔합니다. 이런 의미에서도 이 훈련은 내게 정말 중요한 과정입니다. 사람의 마음을 움직이는 CEO가 되기 위해 이 익숙하지 않은 일이 몸에 베일 때까지 한 걸음 더 나아가며 나를 더 아름답게 다듬어 갈 것입니다.

감사일기 _ 또 하나의 감사를 바라시며

by 윤지희

바쁘게 지나갔던 지금까지의 시간에 감사합니다. 만방에 온 지 거의 8개월 정도가 되었는데 그 어느 때보다 가장 많이 배우며 지혜를 얻었고, 또 가장 많이 반성하며 성장하게 된 시간이었습니다. 한국에서 중학교 1학년 1학기를 보낸 시간과 동일한데도 그때의 나와 지금의 나는 많은 차이가 있습니다. 한편으론 한국에서 그만큼 더 많이 성장하지 못해 아쉽지만 앞으로 더욱 발전할 수 있다는 생각에 감사하며 기대가 됩니다. 만방에서 느낀 감사한 것들을 함께 나누고 싶습니다.

첫 번째로 모두가 다 주님의 귀한 자녀들이라는 것을 알게 되어 감사했습니다. 다른 친구들도 나만큼이나 존귀한 존재임을 깨달았습니다. 성경에 쓰인 것처럼 우리가 다 그리스도 안에서 한 몸이 되어 서로 지체가 되었는데로마서 12:5, 어떻게 서로 비난하며 편견을 가질 수 있겠습니까. '그리스도 안에서'라는 것을 잊지 않고 마음에 새기며 다른 사람들을 대할 것입니다.

하지만 때론 관계로 인해 힘들고 답답할 때가 있습니다. "저는 잘하고 있는데, 왜 이렇게 힘든 거죠?"라며 가끔 하나님을 원망하기도 했습니다. 그때는 내 상황만 보였고, 내 처지만 생각했습니다. 그런데 지금 와서 돌이켜보면, 주님께서 날 바라보시는 마음을 미처 헤아리지 못한 것 같아 부끄럽습니다. 앞으로는 한 사람도 빠짐없이 모두가 주님의 귀한 자녀이며 내게 보내주신 동역자임을 기억하고 감사하며 살겠습니다.

두 번째로 '섬김이'로서의 부담감과 책임감으로 인한 스트레스들이 많아졌을 때 선생님께 도움을 청하고 문제를 해결할 수 있게 되어 참 감사했습니다. 나도 모르게 마음이 많이 무거워져서 고민하다가 선생님과의 상담을 통해 시야를 좀 더 넓혀 상황을 바라보게 되었습니다. 선생님께서는 나를 잘 이해해주셨고 조언도 해주시며 도와주셨습니다. 선생님께 고민 보따리를 열고 마음을 술술 풀어 놓으니 그동안 내가 짐 덩어리를 많이 짊어지고 있었음을 알게 되었고, 더 생각하고 고민할 수 있는 기회가 되었습니다.

이렇게 귀한 감사의 제목들이 만방학교를 통해 나올 수 있었음에 또 감사합니다. 만방학교에 재학하면서 전에는 몰랐던 사소한 것들에 감사를 느끼게 되었고, 어떻게 감사를 표현하는지도 알게 된 것 같습니다. 앞으로도 삶 속에서 더욱 감사하며 기쁘게 생활할 것을 다짐해봅니다.

우리가 세울 만방학교

by 이정관

나에게는 그리고 우리 열방 가지 친구들에게는 너무나도 소중하고 간절한 꿈과 소망이 있습니다. 이 꿈을 꾸고 서로 나누면서 우리들 마음 가운데 기대와 열정으로 가득 차게 되었습니다. 그 꿈은 바로 7년 뒤에 함께 힘을 모아 만방학교 같은 학교를 세우는 것입니다. 무슨 이유 때문인지, 또 언제부터인지도 모르게 이 꿈은 우리 마음 가운데에 싹트기 시작했습니다.

사실 이 꿈은 정말 조심스럽게 우리들끼리만 나누던 꿈이었습니다. 그런데 어떠한 이유에서인지는 모르지만 저번 겨울방학에 같은 열방 가지인 찬민이 형의 입술로 나온 고백을 시작으로 우리 마음 한가운데 확실한 비전으로 심어졌습니다.

사실 우리가 학교를 세우고자 하는 데 많은 이유가 있다거나, 특별히 멋진 이유가 있는 건 아닙니다. 가장 중요한 첫 번째 이유는 하나님께서 기뻐하시고 원하시기 때문입니다. 하나님께서 진짜 무엇을 원하시는지 우리가 그분의 생각을 다 알 수는 없지만 우리가 공통적으로 느끼는 것은, 이 꿈의 중심이 하나님이시고 이 꿈을 통하여 하나님께서 기뻐하실 것 같다는 것입니다.

두 번째 이유는 '만방학교 같은 곳이 중국의 다른 지역에, 또 세계 이곳저곳에도 반드시 필요하다'고 생각하기 때문입니다. 점점 발전하고 빠르게 돌아가는 세상 가운데 여러 나라의 많은 사람들이 교육을 받으며 살아갑니다. 그러나 많은 사람들이 우리가 살아가는 데 있어서 필요한 기본예절, 영성, 인성 등을 배우기보다는 그저 좋은 대학교에 들어가고 취직하기 위해 교육을 받고 교육하며 살아갑니다. 그래서 우리 학교에서 배우는 Seven Power 같은 교육이 전 세계 청소년들에게 반드시 필요하다고 느끼기 때문에 더욱이 학교를 세워야겠다는 생각이 들었습니다.

세 번째 이유는 나 역시 교육에 관심이 많고 만방에서 배운 것이 너무나도 많기 때문입니다. 우리가 배운 것들이 너무나 가치 있는 것임을 알게 되어 우리만 배우기에는 아깝다는 생각이 들었습니다. 그래서 더욱이 우리 학교의 정신을 담은 학교를 세우고 싶어졌습니다.

만방학교는 내게 너무나 많은 것을 알려주고, 나의 가치를 깨닫게 해준 곳입니다. 내가 이렇게 변화된 것처럼 중국의 다른 지역 그리고 세계에 있는 청소년들도 변화되길 간절히 바랍니다. 청소년들 한 명 한 명 모두가 행복한 학교를 세우고 싶습니다. 학생들이 즐겁게 자기 자신의 가치를 발견하는 학교, 자신이 얼마나 소중한 존재인지 깨닫는 학교를 세우고 싶습니다.

물론 학교를 세우는 데 있어서 현실적으로 많은 어려움들이 있겠지만, 지금부터 천천히 준비할 것입니다. 각자 자신의 달란트로 자기 자리에서 섬긴다면 지금의 만방학교처럼, 한 명 한 명은 부족하지만 서로의 부족한 부분을 채워주는 '우리'가 되어 그 어려움들을 잘 극복할 거라 믿습니다.

우선 지금은 학교를 다니면서 학업에 최선을 다할 것입니다. 그리고 학교를 세우는 소망을 잃지 않고 기도로 준비할 것입니다. 만방을 졸업하고 대학을 다니게 되면 중국에 있는 유학생들과 중국 친구들을 섬기면서 삶으로 먼저 모범이 되려고 노력할 것이고, 7년 뒤 다시 모여 만방의 정신을 다시 배우며 학교 짓기를 시작할 것입니다.

우리가 지을 학교가 건물일수도 있고 건물이 아닌 다른 것들일 수도 있지만, 겉모양이 어찌되었든 정말 이 세상 가운데에 필요한 학교를 짓고 싶습니다. 7년 뒤 어떠한 모습으로 다시 우리가 모일지는 모르지만 그때까지 더 훈련되고 준비할 것입니다. 힘들고 어려운 고난이 있겠지만 분명한 것은 우리가 하나님 안에서 동역한다면 정말로 이루어 낼 거라는 것입니다.

우리가 배워야 할 가치

by 김준성

시장에서 상처 하나 없이 잘생긴 바나나가 싼 가격에 팔리고 그보다 못생긴 바나나가 더 비싸게 팔리고 있었습니다. 두 바나나를 모두 사서 맛을 보았더니 당연히 보기 좋아 먹음직스러운 바나나가 맛있을 줄 알았는데 오히려 못생긴 바나나가 훨씬 달고 맛이 있었습니다. '가치'라는 것 또한 이렇게 눈에 보이는 것과는 다른 것 같습니다.

만방에서 많은 친구들이 변화하고 성장합니다. 자신감이 없던 친구에게는 자신감이 생기고 소심한 친구들은 적극적인 모습으로 멋있게 성장해 갑니다. 나 역시도 그렇게 성장해 가고 있습니다. 내가 처음 '섬김이'가 되었을 땐 섬기겠다는 마음보다는 일을 잘하겠다는 마음이 더 컸습니다. 그러다 보니 섬김의 기쁨은 없고 오히려 남들의 시선이 신경 쓰이기 일쑤였습니다. 리더라는 자리가 어렵게 느껴지고 때론 외롭기도 했습니다. 하지만 선생님들과 형들에게 섬김의 마음과 자세 그리고 그 외에 보이진 않지만 귀한 가치들을 바라보고 나아가는 법을 배우고 나니, 지금은 일이 아닌 섬김의 마음을 가지고 하나하나 실천할 수 있게 되었고 주변의 친구들과 함께 귀중한 가치들을 바라보고 동역하며 나아갈 수 있게 되었습니다.

일을 잘하고 남들을 통솔하는 능력보다 감사, 배려, 사랑, 동역 등의 가치가 무엇인지 알아가는 것이 배움이라는 것을 깨닫고 있습니다. 나뿐만 아니라 만방의 재학생들에게는 한 명도 예외가 없이 이런 성장의 결실이 있을 것입니다.

이런 성장의 기초는 바로 눈에 보이지 않는 가치들로부터 만들어지는 것이라고 생각합니다. 짧은 시간에 눈에 확실히 드러나는 결과물은 아니지만 선생님들께서는 끊임없이 이 가치를 가르치시며 우리가 훈련되어지기까지 많은 수고를 아끼지 않으십니다. 일대일 상담, 목장 모임, 사감 선생님까지 하시고 심지어 학생들과 함께 달리면서 가르쳐주십니다.

나는 만방이 가지고 있는 파워는 바로 눈에 보이지는 않지만 너무나 중요한 가치들을 배우고 있는 것이라고 생각합니다. 세상의 많은 사람들이 뛰어난 실력은 가졌지만 중요한 가치들을 무시하고 오직 자신의 이익만을 위해 살아가기 때문에 상처받고 상처를 주는 삶들을 살아가는 것을 봅니다.

만방에서 실력을 키우는 것도 정말 중요합니다. 그러나 실력을 키우는 일에만 눈이 멀어 우리가 배워야 할 가치들을 놓치지 않아야 하겠습니다. 세상의 빛으로 또 리더로 살아갈 사람으로서, 바른 가치관 위에 실력을 쌓아야 하는 것임을 매일의 생활 속에서 잊지 않겠습니다. 이렇게 귀한 가치가 어디에 있는지 배웠기에 이번 학기도 다른 섬김이들과 함께 열심히 섬기겠습니다.

도전이 일상이 되는 만방

by 박정민

나는 이제껏 '두려움'이라는 장벽 안에 갇혀 있었습니다. 항상 두려움 속에서 무슨 일을 할 때마다 망설였고, 그로 인해 성장할 기회가 찾아와도 한 발 뒤로 물러서기만 했을 뿐 제대로 잡지 못하고 놓치기 일쑤였습니다. 그렇게 우연한 성장을 바라며 살았고 아쉬운 대로 그럭저럭 살았습니다.

그래서 만방에 처음 왔을 때는 무엇이든 대충하는 습관이 있었습니다. 페루 가지에 들어왔을 때 나의 그런 습관으로 인해 숙제를 대충하거나 몇 분만 늦게 제출하면 가지 사람들 전체가 모여 특별교육(?)을 받게 되어 많이 힘들었습니다. 그러나 선생님과 많은 이야기를 나누면서 졸업반 형과 누나들처럼 좋은 리더가 되려면 더 성장해야 한다는 것을 깨닫게 되었습니다. 그래서 예전의 우연한 성장만을 바라는 것이 아니라 스스로 성장할 기회를 찾고 도전하는 '의도적인 성장'을 하기로 결심하였습니다.

사실 남들 앞에 서는 것을 두려워했던 내게 만방은 도전의 일상이었습니다. 만방 합창단에 오디션을 보고 들어가게 된 것, 연극팀에서 연극을 하는 것 등등 모든 것이 나에게는 새로운 도전이었습니다. 처음에는 도전하는 것을 고민하며 망설였지만 이제는 더 성장하기 위해 당당히 도전하고 있습니다. 도전을 안 하고 후회하기보다는, 실패하더라도 그것을 통해 내가 하나라도 더 배울 수 있고 더 성장할 수 있다는 것을 알았기 때문입니다.

그리고 그런 성장을 위한 도전에는 아주 중요한 전제 조건이 있다는 것을 깨달았습니다. 바로 기본이 잘 잡혀야 한다는 것이었습니다. 다시 말해 지금 내가 해야 할 일, 즉 학업과 학교생활에 최선을 다하여야 한다는 것입니다. 기본이 바로 잡혔을 때 어떤 어려움이 와도 흔들리지 않기 때문입니다. 그래서 정규반에서 수업을 들을 때 힘들긴 하지만 더 성장할 것이라는 기대를 가지고 다시 기본을 바로 잡으려고 노력하고 있습니다. 9학년이라 많이 바빠서 해야 할 일을 못할 때도 있는데 스터디 플래너를 쓰며 주어진 시간을 낭비하거나 무의미하게 흘려보내지 않고 효율적으로 사용하려고 노력 중입니다. 그래서 나의 본분이자 기본이 되는 학업을 열심히 하고, 신앙적인 부분도 QT와 감사일기를 통해 기본기를 잘 다져서 때때로 힘들어서 흔들리고 쓰러질지라도 오뚝이처럼 다시 일어날 수 있는 믿음을 가지려고 합니다.

이처럼 성장을 위해 앞으로는 막연하게 기다리거나 주저하지 않고 의지를 갖고 한 걸음씩 나아갈 것입니다. 나의 의도적인 성장이 지금은 미약하지만 나중에 더 창대하게 될 것을 기대해봅니다.

변화를 향한 도전

by 김의진

나는 만방에서 6번째 학기를 보내고 있습니다. 사실 만방에서 지낸 시간에 비해 큰 성장을 하지는 않았습니다. 그리고 그 이유가, 배우고 성장하려고 노력하기보다 내가 가진 생각들로 선택하고 결정했기 때문이란 것을 많은 일들을 겪고 나서야 깨닫게 되었습니다.

나의 부족하고 모난 부분들이 다른 돌들과 부딪치면서 주변 사람들과 스스로를 아프게 했습니다. 친구와 다른 점을 틀리다고 여기고, '고민 상담'이라는 명목 하에 나와 생각이 맞는 친구와 다른 친구의 흉을 보며 솔직하게 말하는 거라 합리화하고 그 친구에게 화풀이를 했습니다.

학업생활에서는 수업시간을 자습시간으로 활용하다 보니 숙제를 베끼기도 하고, 시험 때가 되면 벼락치기를 해서 공부가 점점 이해되지 않고 답답했습니다. 답답한 마음을 나름 풀어낸다는 이유로 자습시간에 사라지는 일탈을 하다 지도를 받았을 때도 있었습니다. 생활이 이러니 영적인 부분은 말할 필요도 없었습니다. 점점 더 하나님과 멀어졌고, 멀어진다는 사실조차도 무뎌져만 갔습니다. 내 힘으로 해결하려 할수록 주변 사람들을 더 아프게 하고 스스로를 더 억누르게 되었습니다.

그러다 오랜 시간 동안 선생님들께 상담과 지도를 받고 친구들과도 많이 부딪치면서, 나의 부족한 부분과 실수들을 되돌아보게 되었고 내가 변해야 하는 부분들을 깨닫고 고쳐 나가기 위해 노력하게 되었습니다.

그런데 그 후부터 끊임없이 내 안에 갈등이 생겼습니다. 내 의지만으로는 부족했습니다. 친구들과의 관계 속에서 멀어지는 것이 두렵고 이전의 내가 한 행동들이 비웃음거리가 될 것 같아서 '이건 아닌 것 같아'라고 분명하게 말하지 못하고 침묵하며 타협해버리는 일들을 통해 변화의 한계를 느끼게 된 것입니다. 더 이상 이렇게 하면 안 되겠다는 결심이 들면서 나 혼자만 깨끗하면 된다는 생각이 이기적인 마음이었다는 것을 깨닫게 되었습니다. 내가 변하고 더 영향력 있게 성장하는 기쁨을 누리기 위해서는 내가 속한 공동체가 변하고 성장해야 한다는 생각을 갖게 되었습니다.

내가 속한 공동체가 건강하고 성장하는 공동체가 되도록 해야겠다는 변화에 대한 관점은, 나 자신뿐만 아니라 내 주위 사람들에게 더 좋은 동역자가 되어야겠다는 결심으로 이어졌습니다. 그리고 나 혼자서 노력하고 고민하는 것이 아니라 각자의 자리에서 열심히 노력하는 주변의 친구들과 함께 만들어 가고 싶습니다.

아직도 성장을 위한 변화의 과정에 집중하기보다 그런 나의 행동을 보는 다른 사람들의 시선과 생각이 더 많이 신경 쓰이고, 예상치 못한 어려움에 직면하게 되면 잘 이겨 낼 수 있을지 두렵지만 더욱 용기 내어 변하고 성장하기 위해 노력할 것입니다.

72일 동안의 변화

by 한지희

한국에서의 나는 계산적이고 개인주의적인 성향이 강한 아이였습니다. 한영외고 진학을 준비하던 때가 있었는데, 그때는 준비하는 과정보다는 결과에만 치중했고 그곳을 '내 비전을 위한 하나의 단계'라고 생각하기보다는 '서연고서성한서울대, 연세대, 고려대, 서강대, 성균관대, 한양대을 위한 스펙'으로만 생각했습니다. 또한 주변에 있는 사람들이 옳지 못한 선택을 할 때는 '걔 인생은 걔 인생이고 내 인생은 내 인생이지'라고 생각하며 모른 척하기도 했습니다. 실수나 마찰이 두려워 새로운 일에 도전하려 하지 않았고 시행착오를 겪으면 그것이 또 반복될까 봐 포기하기 일쑤였습니다. 그러는 사이 마음속에는 불평과 불만이 가득 차 있었습니다.

그렇게 나는 겉으로는 바람직해 보이지만 사실상 그러지 못한 사람이었습니다. 그러다가 여름방학에 엄마와 언니와 함께 나의 미래에 대하여 고민하던 중 만방학교에 대해 알게 되었고, 한 번의 방문 이후 성장에 대한 기대를 안고 입학하게 되었습니다. 그리고 만방의 학생이 된 지 72일밖에 되지 않았지만 벌써 많이 변화된 것을 느낍니다. 남들이 보기에는 그대로라고 할 수도 있겠지만 '내가 느끼는 나'를 바라보면 참 많이 변했다는 생각이 듭니다.

먼저 '배려'라는 덕목에 눈을 뜨게 되었습니다. 한국에서 내가 배려라고 생각하며 실천한 것은 버스에서 노약자에게 자리를 양보한 것밖에 없었고, 배려라는 것을 인식하지도 않았으며 인식해야 할 필요도 느끼지 못했습니다. 하지만 만방에서 배려란 나와 상대방의 다름을 항상 잊지 않고 그의 마음을 이해하는 것임을 배웠고, 그동안 배려하지 않고 삭막하게 살았던 것을 반성하게 되었습니다.

그리고 매일 감사제목 하단에 '오늘 내가 남을 위해 배려한 일'을 쓰고 있습니다. 이렇게 매일매일 하루의 끝에 배려를 되새기는 시간을 가졌더니 하루 동안 또 그다음 날에도 계속 배려하며 살 수 있었습니다. 아직 나는 배려함에 있어 영유아 수준입니다. 그러나 아기가 걸음마를 배우고 계속 연습하면 나중에는 당연하게 두 다리로 걷듯이, 나도 삶 속에서 배려를 실천하다 보면 언젠가는 행동과 말 하나하나에 배려가 묻어 나올 수 있을 것이라고 생각합니다.

또한 두 가지 습관을 기르기 위해 노력하게 되었습니다. 바로 '도전하는 습관'과 '감사하는 습관'입니다. 사실 나에게는 이렇게 내 이야기를 하는 것 자체가 엄청난 도전입니다. EN 시간에 11명 앞에서 대본을 갖고 발표를 할 때도 손이 덜덜 떨리는 사람이기 때문입니다. 하지만 내 이야기를 함께 나누면서 나의 한계를 조금씩 극복하고 있는 것 같아 감사합니다. 한국에서는 지금보다 더 스스로에 대한 확신과 자신감이 없어서 도전을 회피하거나 행동하기 전에 남의 눈치를 보곤 했습니다. 그러나 만방에 온 이후로 '나에게 불가능이란 없다!'라는 강한 신념을 갖고 살기 위해 노력했고, 도전하는 매 순간마다 나의 가능성에 대해 생각해볼 수 있었습니다.

또 실수를 하면 "다음에 더 중요한 때에 같은 실수를 반복하지 않을 수 있음에 감사하다"라고 말할 수 있게 되었고, 할 일이 너무 많을 때면 "나중에 또 바쁜 시기가 찾아오면 그때에는 더 효율적으로 그 시간을 관리할 수 있을 것에 감사하다"라고 말할 수 있게 되었습니다. 늘 감사함을 밑바탕으로 삼고 살아가려고 하니 실수를 해도 감사하게 되고, 더 이상 실수가 두렵지 않아 도전할 수 있게 되는 선순환이 일어났습니다.

나는 아직도 많이 부족합니다. 앞에서 말한 도전과 배려 그리고 감사가 숨쉬는 것처럼 쉽지 않습니다. 남을 배려하기 힘들 때가 있고, 도전이 두려울 때가 있으며, 도저히 무엇에 감사해야 하는 건지 감도 잡히지 않을 때가 많습니다. 그러나 만방에서 끊임없이 보완하고 성장하려 노력할 것입니다. 앞으로 계속해서 변화될 나를 기대합니다.

나의 정체성 찾기

by 강우진

한국에 있을 때 나는 딱히 말썽을 일으키지도 않고 그냥 평범하게 살아가는 아이였습니다. 그래서 그때 나는 하나님 앞에서 흠 없이 살아가고 있다고 생각했었습니다. 크게 틀린 말은 아니지만, 그리스도인의 정체성을 제대로 알게 된 지금은 그때의 생각이 틀렸다는 것을 알게 되었습니다.

겉보기에는 큰 문제점이 없는 아이였지만 사랑을 몰랐고 삶의 목표가 오로지 나 자신만을 위한 것이었습니다. 또한 교회를 다니기는 했지만 하나님을 나에게 맞추려고만 했습니다. 그래서인지 마음 한구석에는 늘 뭔지 모를 허전함이 있었습니다.

재밌는 일을 할 땐 즐겁기는 했지만 그 일이 끝나면 모든 것이 허무하게만 느껴졌습니다. 주말이 내 삶의 이유라고 해도 과언이 아닐 정도로 계속해서 재미만을 쫓아다니게 되었습니다. 그러나 여전히 재미만으로는 내 삶의 빈자리가 채워지지 않았고 공허함은 더해만 갔습니다. 지금 와 생각해보면 그 모든 게 다 내가 주님의 자녀라는 신분을 잊은 채 내 관점대로만 인생을 그려 나갔기 때문인 것 같습니다.

그러다가 만방이라는 중국 땅에 오게 되었을 때, 한동안은 이곳에서도 한국과 다른 환경에 적응하지 못하고 정체성을 찾지 못해 방황했습니다. 시간이 얼마나 흘렀을까요? 만방에서 계속 시간을 보내던 나는 어느 순간 내 안에 사랑이 들어와 있는 것을 느꼈습니다. 작지만 따뜻한 사랑이 어느 순간에 얼어붙어 있던 내 마음을 녹이고 들어온 것입니다. 아주 자연스럽게 말이죠.

선생님들의 사랑 때문이었을까요, 아니면 친구들의 사랑 때문이었을까요? 혹은 형들의 사랑 때문이었을까요? 처음에는 한국과 다른 중국에서의 낯선 환경과 빡빡한 일정이었지만, 사랑으로 가득 차 있던 따뜻한 환경에서 작은 사랑 하나가 나를 뚫고 들어온 것입니다. 그리고 이 작은 사랑으로부터 시작하여 예수님의 뜨거운 십자가 사랑까지 만나고 나서야 그리스도인으로서의 나의 정체성을 되찾을 수 있었습니다.

사랑, 이것이야 말로 만방 공동체를 움직이고 하나로 묶는 근원이라고 생각합니다. 그 사랑을 받은 나 역시 다시 그 사랑을 전하는 사명자로서 살아가고 싶습니다.

리더에 대한 관점

by 한영서

한국에서 보낸 15년 동안 자리잡힌 리더에 대한 나의 생각은 현재 만방에서 깨닫게 된 것과는 달랐습니다. 한국에서는 리더란 단지 사전적인 의미인 '조직을 이끌어 가는 중심에 있는 사람'으로 생각했고, 부끄럽지만 내가 리더라고 자칭하며 오만하게 살았습니다. 학교에서는 줄곧 임원을 맡아왔고 성적도 우수했던 터라 선생님들과 친구들의 달콤한 소리에 자만하게 되었고, 급기야 타인보다 낫다는 우월감에 빠지게 되었습니다. 그 결과, 마음이 잘 맞는 친구하고만 어울리며 다른 친구들을 무시하기도 하고 나보다 뛰어난 친구들을 시기하고 질투했습니다. 그렇게 나는 겉으로는 착한 척했지만 속은 까맣기만 한 위선적인 생활을 하고 있었습니다.

그런 내가 만방에 왔을 때, 한국에서 느낀 것과는 전혀 다른 감정들과 알 수 없는 공허함으로 인해 마음이 너무나 힘들었고 처음에는 그게 향수병이라고 생각했습니다. 그러나 그 감정들의 진짜 모습은 일주일도 채 안 되서 우후죽순으로 드러나기 시작했는데, 그것들은 교만, 시기, 질투, 비판, 불평 등이었습니다.

처음에는 만방에서 강조하는 'Only One'이라는 말을 머리로만 받아들이고 가슴으로는 모르는 체하였습니다. 또한 모두가 특별하고 세상에 하나밖에 없는 존재라는 사실에는 암묵적으로 동의했지만, 모든 사람들이 리더라는 만방의 가치가 잘 이해되지 않았습니다. 오히려 그 말을 인정하기 싫어했습니다. 뿐만 아니라 한국에서의 나쁜 습관들을 버리지 못해 친구들의 장점을 생각해보는 것조차 차단해버렸습니다.

그러던 중 문득 '익숙하지 않은 환경인 이곳 만방이 문제가 아니라 나 자신에게 문제가 있는 건 아닐까?'라는 생각을 하게 되었습니다. 그러자 이전까지는 보지 못했던 것들이 보이기 시작했습니다. 폭력이 아닌 도움의 손길, 질책보다는 따뜻한 격려의 말, 불평보다는 감사하는 모습들, 무시가 아닌 존중과 이해 등등. 더불어 선생님과의 상담과 기도 모임 속에 서로를 향한 마음을 느끼며 '리더는 섬기는 사람'이라는 뜻이 무엇인지 조금씩 알게 되었고, 리더란 겉모양이나 행동만 이끄는 존재가 아니라 다른 사람들의 마음을 움직이는 존재임을 깨닫게 되었습니다.

나는 지금 '진짜 리더'가 되기 위해 배우는 중입니다. 여전히 내 마음속에는 한국에서 알게 모르게 심겨진 나쁜 습관으로 가득 차 있습니다. 그래서 가끔은 힘들어서 주저앉기도 하고, 불쑥 나타나는 모순적인 모습에 주춤거리기도 합니다. 하지만 하나님께서 만방에서 내게 주신 문구, '모든 사람은 특별하다'를 가슴에 새기며 마주하는 고난들을 극복하고 기쁨으로 성장해 가려고 합니다.

조금 욕심을 가져본다면, 하루 빨리 내면적으로 반듯하게 다듬어져서 겉으로만 인정받으려고 다른 사람을 돕는 것이 아니라 보이지 않는 천사처럼 다가가서 그들의 마음을 어루만지고 서로의 특별함을 살려주는 사람이 되고 싶습니다. 이제는 가슴으로부터 진심으로 당당하게 말할 수 있습니다.

"만방의 모든 학생들은 리더이다."

진정한 기적

by 이필규

만방에 와서 진정한 기적이 무엇인지 알았습니다. 그것은 바로 피폐해지고 시들어 가는 나의 영혼이 진정한 사랑을 만나 그 안에서 행복을 찾아가는 것, 이게 바로 내가 체험한 기적이며 만방에 사는 모든 친구들을 보며 느끼는 기적입니다.

만방에 온 지 벌써 2년 반이 다 되어 갑니다. 시간이 정말 빨리 흘렀다는 것에 놀라고, 하나님 사랑 안에서 내가 이전과는 너무나 다르게 성장해 가고 있다는 것에 또 한 번 놀라고 있습니다. 원래 나는 사람들을 차별하고 늘 내 중심적인 관점에서 다른 사람들의 행동을 판단하고 정죄했었습니다. 더 무서운 것은 그것이 나쁜지도 몰랐을 뿐 아니라 스스로 다른 사람들의 관점에서 볼 때 올바르게 행동하고 있다고 자기 합리화를 하며 살았다는 것입니다. 그러면서 내가 판단하고 있는 그 사람들과 내 행동이 똑같지는 않은지 걱정하며 점점 더 다른 사람들의 눈치를 보게 되었고, 나의 진짜 모습을 숨기면서 인간관계에 큰 벽을 만들어 갔습니다. 그렇게 살아가던 중에 만방에 오게 되었습니다. 그리고 하나님의 사랑이 중심인 만방교육 안에서, 점점 내 안의 깊은 구덩이 속에서부터 헤어 나올 수 있었고 지금도 헤어 나오고 있는 중입니다.

만방에 와서 조금씩 배우고 성장하고 있었지만 꽤나 오랜 시간 동안 우리들을 향한 선생님들의 사랑이 크게 와닿지는 않았습니다. 차라리 형들과 친구들의 사랑이 더 와닿았지요. 그러던 어느 날 문득 늘 밝게 학생들을 맞이해주시는 선생님들의 모습이 보이면서 우리에게 해주시는 모든 것들 가운데 그분들의 정성이 느껴졌습니다. 또한 교무실에서는 한 분도 빠짐없이 언제나 젊은 우리들보다도 더 날카로운 눈으로 일에 열중하시는 모습이 보였습니다. 선생님들은 지치지도 않으시는지, 늘 그렇게 하루하루 최선을 다해 사시고 우리에게 정성을 다할 수 있는 비결이 무엇인지 궁금했습니다.

하루는 김박사님께서 이런 말씀을 해주셨습니다.

"회의실 한가운데에 커다란 옥수수밭 사진이 걸려 있는 이유를 아니? 그것은 바로 만방 선생님들이 늘 그 사진을 보면서 만방을 세우려고 했던 그 초심을 잊어버리지 않기 위해서란다."

그 이야기를 듣고 나는 조금 깨달을 수 있었습니다. 선생님들의 사랑과 이 만방교육의 중심이 예수님의 사랑이라는 것을요. 10년 전 선생님들이 황량한 옥수수밭에서 예수님의 사랑을 모른 채 이 세상을 따라가는 불쌍한 청소년들의 영혼을 위해 예수님의 사랑을 붙들고 간절히 기도하는 그 열기를 조금이나마 느낄 수 있었습니다. 다 느낄 수 있고 깨달을 수 있었다면 정말 내 영혼은 그 열기에 녹아버릴지도 모른다는 생각을 해봅니다. 그리고 이것들을 느끼고 나니 모든 것에 대한 설명이 필요 없어졌습니다.

하나님께서는 오래 전부터 만방을 계획하셨고 선생님들 한 분 한 분을 도구로 사용하셨기에 일상 속에서 풍성한 열매를 맺는 기적을 느끼며 살아갈 수 있는 만방 공동체가 된 것입니다. 또한 우리 한 사람 한 사람이 하나님 안에서 세상에 나아가 빛의 역할을 감당할 수 있도록, 예수님의 사랑이 중심인 만방교육 아래서 준비되어 나아갈 수 있게 해주신 것입니다.

궤짝 안에 등불이 있다면 그 빛은 아무리 밝아도 집 안을 밝게 비추지 못할 것입니다. 이와 같이 하나님 아래서 준비되어 세상에 나아가 빛의 역할을 감당할 우리들도 세상에서 올바른 위치에 있어야 모든 열방을 환히 비출 수 있을 것입니다. 나를 통하여 세상에 많은 사람들이 주님의 영광을 볼 그날을 꿈꾸며 공부로, 삶으로 하나님께 최선의 예배를 드리고 싶습니다. 그리고 정말 기대가 됩니다.

하나님은 나를 준비시키고 훈련하시기 위해 장차 내가 가게 될 대학교에 예비해 놓으신 것들이 많겠지만, 아직은 그곳에 빨리 가고 싶지 않습니다. 아직도 많이 부족해서 세상에 나가 견딜 수 있을지 두려운 마음이 있기 때문입니다. 앞으로 졸업까지 200일도 남지 않았는데, 이 시간 동안 만방에서 지성, 인성 그리고 영성의 기초를 더 탄탄히 잡고 가고 싶습니다. 세상에 한 걸음을 내디뎌 그분께서 예비하신 것들을 볼 그날을 위해 더 준비되기를 간절히 기도합니다.

시간의 소중함

by 이예은

'시간의 소중함'에 대해 함께 나누고 싶습니다. '시간'이란 무엇일까요? 기회, 새로운 도전? 혹은 과거에 대한 후회나 미래에 대한 두려움일 수도 있을 겁니다. 어느 책에서 시간의 소중함에 대해 이렇게 쓰여 있었습니다.

“일 년의 소중함을 알고 싶다면 기말 시험에서 낙제한 학생에게 물어보라.”

“한 달의 소중함을 알고 싶다면 미숙아를 낳은 산모에게 물어보라.”

“한 시간의 소중함을 알고 싶다면 결혼식을 기다리는 신랑 신부에게 물어보라.”

“일 분의 소중함을 알고 싶다면 기차 시간을 놓친 승객에게 물어보라.”

졸업반이 되어서야 시간이 내게 얼마나 중요한지 너무나 절실히 느꼈습니다. 만방인 중 아는 사람은 다 아는 사실이 하나 있는데, ‘4년 전의 신입생 이예은과 지금의 이예은은 다른 사람이다’라는 사실입니다. 졸업반이 되어서야 인정하는 말이지만 신입생이었던 나는 꽤난 강한 성격에, 미소보다는 정색을, 긍정적이기보다는 부정적인 마인드가 강한 사람이었습니다. 호랑이 권 선생님도 잊을만하면 오셔서 “난 너의 신입생 때의 매서운 눈빛을 잊을 수가 없다”라며 놀리곤 하십니다.

나는 비교적 만방에 일찍 와서 인성을 배웠지만 만방에 온 지 1, 2년밖에 안 된 신입생 동생들보다도 더 더디게 배우고 성장한 경우입니다. 만방에 온 지 2년이 지났어도 여전히 중국에서 유학하는 것에 대해 확신이 없었을 뿐만 아니라, 나의 원래 생활 패턴과 맞지 않았던 많은 규율들과 너무나도 다른 성격 때문에 날마다 부딪히기만 하던 관계는 내가 이 학교를 떠날 이유를 만드는 구실이 되었습니다.

하지만 신앙이 깊어지면서 제 잘난 맛에 살던 나의 자아를 내려놓고, ‘나부터 변화해보자’라는 마음을 가지게 되었습니다. 그 후로 언제나 내 중심으로 생각해왔던 것들이 보이기 시작했고, 하나둘씩 그것들을 해결해 나갈 수 있었습니다. 그리고 이러한 시간을 보내면서 삶 속의 지혜도 얻을 수 있었습니다. 그 삶의 지혜는 양보하지 않아도 그만이지만 한 발 물러설 수 있는 여유, 화를 낼 수 있는 상황이지만 분을 삭일 수 있는 여유, 무시하면 그만이지만 경청하고 이야기를 나눌 수 있는 여유를 갖게 해주었습니다.

지금 와서 생각해보면 신입생 때의 나는 왜 그렇게 여유 없이 조급하고 스스로를 더욱 힘들게 하며 살아왔었는지 아쉬움이 많이 남습니다. 힘든 시기란 것을 받아들이고 그 시간들을 더 가치 있게 보냈다면 얼마나 좋았을까 하는 아쉬움이 크기 때문에 만방의 동생들은 조금 더 일찍 깨닫고 더 많이 여유를 즐기며 배우는 시간으로 채워 나갔으면 하는 바람이 간절합니다.

사람들에게는 저마다의 '시기'가 있고, 그 시기는 곧 사람들에게 주어진 '기회'입니다. 내게는 만방에서 있었던 시간들이 배울 수 있는 '시기'였고, 또한 내가 성장할 수 있는 '기회'였습니다. 만방에 있는 친구들과 동생들에게도 '시기'와 '기회'가 있을 것이라고 생각합니다. 가끔은 힘든 일도 있고, 나처럼 도피할 구멍을 찾아다닐 때도 있을 것입니다. 그러나 부족하지만 동생들보다 조금 연장자로서 조언하자면, 매 순간을 기회로 잡으라고 말해주고 싶습니다.

졸업을 며칠 앞두고 있는 내가 다시 졸업반 시기를 지낼 수 없듯이 삶에서 두 번 찾아오는 기회는 매우 적습니다. 만방에 있는 동생들이 후회 없는 순간들로 시간을 보내는 삶을 살아갔으면 좋겠습니다.

중2병 대신, 자유 탐험가로 불러주세요

by 아프리카 나무 / 르완다 가지 김휘찬 (8학년)

최근 마음속에 혼란을 느끼기 시작했습니다. '내 앞에는 무엇이 있고 나는 어떻게 대처해야 할까?' 이유 없이 두렵고 내가 무엇을 해야 할지도 갈피가 잡히지 않았습니다. 하고 싶은 것들이 넘쳐나지만 그것은 그저 하나의 소원인 것 같고, 나는 여태까지 다른 사람들이 준비해준 길만을 걸어온 것 같았습니다. 다른 친구들은 걱정 없이 탄탄대로를 잘 걸어가고 있는 것 같은데 나는 돌아가고 있는 기분이 들었습니다.

한국에서는 내 나이의 이런 고민을 '중2병'이라고 부릅니다. 왜일까요? 왜 이 과정을 병이라고 부를까요? 나는 여태까지 다른 사람들이 이 과정을 겪는 모습을 상상해봤습니다. 다른 사람이 하는 말을 상관하지 않고 때로는 소리치며 자신의 감정에 따라 움직이는 모습을 가까운 친척 형이나 누나들에게서 본 적이 있습니다. 이 시기에 있는 사람은 이성이 감정을 잘 막지 못하기 때문에 '병'이라고 부르는 것 같습니다.

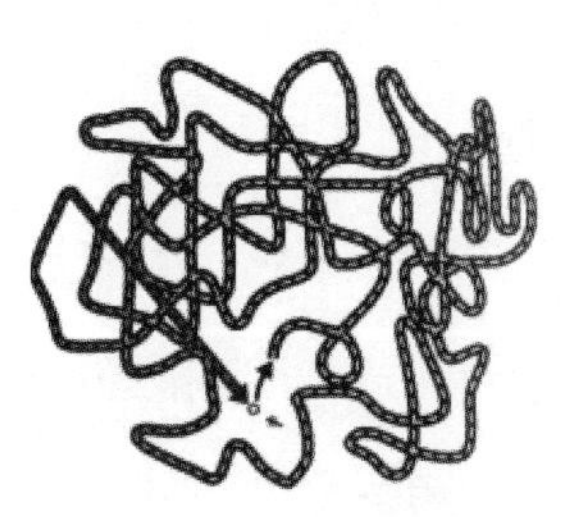

이런 혼란스러운 마음을 가지고 있던 중 어떤 그림 하나를 보게 되었습니다. 그 그림은 꼬인 선들이 왔다갔다가 하며 더 큰 곡선을 만들었고 그 끝에는 하나의 직선이 그어져 있는 그림이었습니다. 이 그림을 처음 보았을 때 이게 뭘까 하고 생각해봤지만 결론이 나오지 않았습니다. 나중에 이 그림이 개미가 굴에서 출발해 먹이를 찾아 수많은 곡선을 그리고 먹이를 찾은 후 직선으로 다시 돌아온 경로라는 것을 알게 되었습니다.

'개미의 경로'를 보며 나의 삶을 돌아봤습니다. 나는 여태까지 다른 사람이 준비한 직선의 길을 걸어온 것 같습니다. 이 길은 나를 사랑하시는 분들이 나를 위해 만들어 준 길입니다. 그런데 나는 왜, 나를 위한 이 길에서 떠나고 싶은 마음이 드는 걸까요? 어쩌면 나는 개미와 같이 먹이를 찾고 있는지도 모르겠습니다. 여태까지 걸어왔던 길은 먹이가 없는 시작점에 불과했을 뿐입니다. '내가 바라는 먹이는 무엇일까?' 다른 사람들이 준비해준 길이 아닌 내가 선택한 길, 그 자유를 찾기 시작하는 것 같습니다.

개미의 경로도 꼬불꼬불한 과정만을 보면 개미가 병에 걸린 것 같습니다. 그러나 그 방황의 곡선 끝에는 먹이가 있고 그 뒤에는 흔들리지 않는 직선이 기다리고 있습니다. 어쩌면 내 안에 시작된 어지러운 곡선들은 먹이를 찾아 떠나는 모험의 길일 텐데, 이 길을 꼭 '중2병'이라고 불러야 할까요? 자유를 찾는 과정, 자신만의 길을 찾는 이 시간을 중2병 대신 '자유 탐험가'라고 부르고 싶습니다.

"이제 탐험가로서 나는 어떤 마음을 가지고 이 길을 가야 할까?"

두렵고 무서운 마음만을 가지고는 이 탐험을 완주할 수 없을 것입니다. 나는 이 탐험을 즐거운 마음으로 떠나고 싶습니다. 탐험은 하나의 여행이라고 볼 수 있지 않을까요? 중2병에 걸려 두렵고 혼란스러운 길이 아니라 자유롭고 즐거운 탐험가로 이 길을 기쁘게 걸어가고 싶습니다.

양로원 할아버지와의 만남

by 전민영

태어나서 지금까지 한 번도 양로원에 가본 적이 없지만 '양로원'이라는 이름은 나를 설레게 했습니다. 양로원에 다녀온 친구들이 매우 의미 있는 시간이라고 말하고, 만방을 나가고 싶다던 방 언니도 양로원에 다녀온 뒤로 만방에 있기를 선택했다고 이야기했기 때문입니다. 이로 인해 내 기대는 부풀어 있었는데, 그 기대를 '빵' 터뜨린 말을 듣게 되었습니다. 내가 방문할 '송포진 양로원'에는 할아버지들이 많아서 반응도 없고 힘들 거라는 이야기였습니다. 그래서 설레는 마음보다 두렵고 떨리는 마음으로 생애 첫 양로원 방문을 하게 되었습니다.

차에서 내려서 보니, 양로원 건물이 마치 베트남 전쟁 때 사용되던 '알포인트'라는 건물처럼 생겨 으스스한 분위기였고, 입구에 들어서자마자 풍겨오는 정체 모를 냄새에 움찔했습니다. 게다가 적어도 방은 넓을 거라 생각했는데, 작은 식당 한편 정도가 우리가 설 무대라는 게 다소 충격이었습니다.

'아, 역시 송포진.'

그러나 이 생각은 금방 사라졌습니다. 한 할아버지께서 들어오시자마자 우리를 향해 미소를 지으시며 손을 흔드셨고, 그때부터였습니다. 내 마음이 한 사람의 마음을 통해 열린 것이…. 징글벨 무대를 마치고 말동무를 해드리는 시간을 가졌는데, 나는 그 할아버지께 갔습니다. 외할아버지는 내가 너무 어릴 때 돌아가셨고, 친할아버지는 늘 나를 많이 사랑해주셨던 기억이 있기 때문입니다. 항상 내 편을 들어주시며 공부 열심히 해서 내가 좋은 대학에 가는 것까지 보고 가실 거라고 하셨는데…. 어쨌든 이러한 이유로 그 할아버지께 다가가 말을 걸고 싶었는데 중국어를 잘 못해서 쭈뼛거리고 있었습니다.

그때 다른 할아버지께서 나를 부르셨습니다. 그 할아버지는 다리도 없고, 손가락도 온전치 않은 분이었습니다. 내 손을 꼭 잡고 말씀하시는 그 할아버지께 나는 웃으며 대답했습니다. 할아버지는 중국어로 부모님은 좋은 분들인지, 집은 좋은지 물어보셨고 공부 열심히 해서 잘 살라고 말씀해주셨습니다. 꼭 우리 할아버지 같았습니다. 살짝 울컥한 마음에 크리스마스트리를 꾸미러 갔습니다. 뵌 지 얼마 되지도 않았는데 내가 울면 사람들이 이상하게 생각할까 봐 나는 최대한 그 할아버지를 보려고 하지 않았습니다.

그리고 떠나기 전 작별의 시간이 왔을 때, '크리스마스에는 축복을'이라는 노래를 부르다가 또 울컥했습니다.

"우리 다시 만나면 당신 노래 불러요. 온 세상이 그대 향기로 가득하게요."

그 할아버지의 안부를 물어보지 못하고 그분의 이야기도 들어주지 못해서인지, 갑자기 눈물이 나왔습니다. 이대로 가면 너무 아쉬울 것 같아서 그 할아버지께 다가가 손을 꼭 잡고 "明年再见!내년에 다시 만나요!"라고 말했습니다. 내가 해드릴 수 있는 마지막 말이었습니다. 할아버지는 우리를 배웅하기 위해 기어서 복도까지 나오셨고, 다른 할아버지들도 우리를 배웅해주셨습니다. 모두 헤어지고 싶지 않은 마음이었을 것입니다.

그런데 차에 탄 순간, '그냥 한번 안아드리고 올걸' 하는 후회가 들었습니다. 손에 남은 그 할아버지의 쾨쾨한 냄새가 참으로 정겨웠습니다. 처음에는 어색했는데 그 냄새는 나를 편안하게 해주었고 마음을 여는 도구가 되어주었습니다.

할아버지를 언제 다시 만날지 모르는데, 안아드리지 못한 것이 아직도 후회됩니다. 그리고 아직도 기억납니다. 불편한 손으로 내 손을 꼭 잡고 '잘 살아'라고 하신 할아버지의 마지막 말씀이. 처음에는 할아버지의 손을 보고 조금 놀랐지만 그분의 세월이 고스란히 담겨 있던 그 손은, 한국에 갈 날이 얼마 안 남아서인지 자꾸 한국을 그리워하고 힘들어하는 나를 위로해주었습니다. 열 개의 손가락이 다 달려 있지만 누군가의 손을 먼저 잡아줄 줄 몰랐고, 두 다리가 멀쩡히 있어도 먼저 다가가지 못했던 나를 반성하게 되었습니다.

이번 양로원 방문을 통해 받은 위로와 사랑을 다른 사람들에게 나누며 살고 싶습니다. 그리고 그들을 위해 기도할 것입니다. 할아버지! 나중에 꼭 다시 만나요!

복단이네 다녀온 날

by 아시아 나무 / 중앙아시아 가지 한지희(10학년)

만방장학재단에서 후원하고 있는 복단이네 집에 다녀왔습니다. 사실 그동안 만방장학재단 장학금 전달은 나에게 있어 그저 하나의 학교 행사로만 느껴졌었습니다. 게다가 혹시 가정 형편이 좋지 않은 후원 학생들의 집에 또래 학생들 여럿이 한꺼번에 찾아가면 부담스러워하지는 않을까 하는 의문이 들어 선생님께 찾아가 여쭤봤습니다. 선생님께서는 팀장들을 모아 우리가 그저 장학금만 건네주고 끝내는 것을 넘어 왜 직접 찾아가는지, 오랫동안 이어지는 이 방문을 통해 후원 학생과 가족들이 얼마나 힘을 얻고 있는지를 설명해주셨고, 후원자가 아닌 친구의 마음으로 가는 것임을 재차 강조하셨습니다.

선생님과의 미팅 후 우리는 이번 주제를 '친구'로 정하였고, 진짜 친구 집에 놀러가듯이 함께 먹을 다과와 게임 등을 준비해 갔습니다. 그중에서도 가장 먼저 준비되길 원했던 것은 우리들의 마음이었습니다. 친구 집에 놀러 갈 때의 그 설레는 마음, 친구와 맛있는 간식을 먹고 뛰어놀 때의 그 즐거운 마음 말입니다. 가기 직전까지 우리는 후원자가 아닌 친구의 마음으로 임할 수 있게 해달라고 기도드렸습니다. 감사하게도 하나님은 우리의 기도를 들으셨고 복단이, 복단이 동생 복현이 그리고 우리 팀 친구들의 마음 문을 활짝 열어주셨습니다. 덕분에 나의 세 번째이자 마지막이었던 이 방문은 너무나도 기쁘고 감사한 추억으로 남을 수 있었습니다.

특히 복단이네 집에서 받은 감동은 잊을 수가 없습니다. 복단이네 집 부엌에서 친구들을 위한 화채를 만들려고 서툰 솜씨로 수박을 파내며 복단이의 어머니와 이야기를 나누게 되었는데, 어머니께서는 내게 "앞으로도 좀 자주 와요"라고 말씀하셨습니다. 그 진심이 담긴 말에 그저 형식적으로 오려고 했던 나의 모습을 반성하게 되었고 한 학기에 한 번밖에 오지 못하는 것이 아쉽기도 했습니다.

마지막으로 복현이와 사진을 같이 찍고 떠나려는데 복현이가 나를 안으면서 더 있으라고 하였습니다. 그래서 내가 장난스레 "복현아, 너 정말 날 좋아하는구나"라고 하니까, "응, 姐姐언니 좋아"라고 답했습니다. 복현이의 그 예쁘고 순수한 마음에 다시 한 번 감동했습니다.

이번 방문은 나에게 있어서는 마지막 방문이었지만, 만방장학재단의 연속성을 기억하며 이제는 뒤에서 기도로 응원할 것입니다. 우리 학년이 했던 일들을 동생들이 계속 이어받고 더 나아가 꾸준히 발전시켜서 장학재단 친구들에게 더 큰 기쁨을 줄 것이라는 믿음을 가지고 말입니다. 특별했던 이번 방문을 통해 작은 바람이 생겼습니다. 하나는 앞으로도 계속될 만방장학재단 후원 친구 방문이 이번처럼 스스럼없이 웃고 함께하다 올 수 있는 시간이 되었으면 하는 것이고, 또 다른 하나는 우리가 가는 이유를 머리가 아닌 마음으로 이해했으면 하는 바람입니다.

각자 자기가 받은 사랑과 선행을 서로에게 나누고 산다면 하나님이 보시기에 그 모습이 얼마나 좋을까요? 또 얼마나 많은 열매들이 맺힐까요? 이제는 우리가 받기보다는 타인의 삶을 비춰주는 등대지기로서의 삶을 살아가야 할 때라고 생각합니다. '나'와의 만남이 그 사람 인생의 터닝 포인트가 된다면 그것만큼 가치 있는 일은 없을 것 같습니다. 만방장학재단을 통해 우리를 만나는 일이 그 친구들의 인생에 터닝 포인트가 되기를 기대하고 또 믿으면서 방문하면 참 좋겠다는 생각이 듭니다. 세상의 빛과 소금이 되는 것은 이런 작은 일에서부터 시작되는 것이 아닐까요?

사람을 변화시키는 공동체, 만방

by 아프리카 초원 / 르완다 목장 정지원 (8학년)

만방학교는 사람을 변화시킬 수 있는 놀라운 공동체인 것 같습니다. 두 번째 학기를 맞이하고 있는 나의 삶에 그동안 참 많은 변화가 있었습니다.

첫 번째 변화는 올바른 공부 습관이 형성된 것입니다. 초등학교 1학년 때부터 중학교 1학년 때까지 내 꿈은 축구선수가 되는 것이었습니다. 그래서 방과 후 매일 축구를 하다 보니 책상 앞에 앉아 있는 시간이 줄어들고 집중력도 점점 떨어지면서 성적이 안 좋았습니다.

공부 습관이 제대로 형성되지 않으니 시간관리도 어려웠고 공부하는 방법도 잘 몰라서 어려움이 많았습니다. 하지만 감사하게도 선생님과의 상담을 통해 스터디 플래너를 활용하게 되었고 할 일에 우선순위를 정하고 하니 시간관리를 더 효율적으로 할 수 있게 되었습니다.

두 번째 변화는 공동체 속에서의 나의 역할에 대해 더 많이 인지하고 있다는 점입니다. 한국에 있을 때는 비속어를 자주 사용하였고 그에 따르는 책임이나 영향력을 모른 채 살아왔습니다. 그래서 만방학교에서의 첫 학기에는 나도 모르게 비속어를 사용할 때가 많았고 그것이 주변 친구들에게 안 좋은 영향력을 주고 있다는 점을 선생님과의 여러 차례 상담을 통해 깨닫게 되었습니다. 주변에 있는 친구들과 형들도 내가 비속어를 사용할 때마다 옆에서 교정해주고 바른 언어를 사용할 수 있도록 도와주었습니다. 이렇게 공동체 속에서 나 자신의 역할과 다른 사람에게 주는 영향력에 대해 생각하니 남을 더 존중하고 배려하게 되는 것 같습니다.

세 번째 변화는 신앙이 바로 세워졌다는 것입니다. 사실 나는 모태신앙이지만 내가 생각한 믿음은 진정한 믿음이라기보단 지식과 신념이었습니다. 이것을 깨닫게 된 계기는 목장 수업시간에 신념과 믿음의 차이에 대해 배울 때였습니다. 하나님을 진심으로 믿는다면 말씀이 삶의 기준이 되어야 하는데 나는 그렇게 하지 못했습니다. 말씀이 머리로만 이해되고 마음으로는 와닿지 않은 것입니다.

그런데 만방에 와서 매주 QT를 하고 신앙에 관한 서적도 읽어보고 기도모임에 가게 되면서 하나님을 마음으로 믿기 시작하였습니다. 믿음은 지식적으로 아는 것이나 말로만 고백하는 것에서 멈추는 것이 아니라, 우리의 행동으로 직접 보여주면서 삶이 바뀌어야 된다는 것을 깨닫게 된 것입니다. 믿음이 바로 세워지니까 더 성장하고 싶은 마음이 생기게 되고, 실제적인 행동으로 성장의 목표를 이루어야겠다고 생각하였습니다.

만방에서 생활하고 공부한 지 오랜 시간이 지나지 않았지만 현재 나의 삶에서 일어난 변화들을 보면서 그동안 나를 도와준 친구들과 형들과 선생님들께 너무나 감사한 마음이 듭니다. 앞으로 더 성장할 수 있음에 감사하고 더 배우며 순종하는 자세로 공부하고 생활하고 싶습니다.

나는 합창이 좋다

by 송원영

나는 합창이 정말 좋습니다. 만방학교는 예비졸업반 때부터 대학 준비에 집중해야 하기 때문에 합창을 못하는데, 난 오히려 '졸업반이 되고 바쁠수록 합창을 했으면 좋겠다'라는 마음이 들었습니다. 왜냐하면 합창은 바쁘게 살아가는 우리들에게 중심을 일깨워주고, 학업 생활에서 배울 수 없는 많은 걸 배우게 하면서 삶의 에너지를 채워주기 때문입니다.

학업을 통해서는 나의 한계를 홀로 넘는 방법들을 많이 배우게 되지만, 합창에서는 서로가 다름을 인정하면서도 함께 화음을 만들어 가며 다름이 얼마나 아름다운 것인지를 느끼게 합니다. 그리고 서로의 소리를 들으며 공동체, 동역 그리고 하나됨을 배웁니다. 힘들어서 중심이 흔들릴 때, 비록 합창이 그 힘든 일을 직접 해결해주지는 못하지만 필요한 마음가짐과 자세들을 갖추게 합니다. 그건 바로 더 큰 그림을 보고 다른 사람들의 말을 들을 수 있는 자세입니다. 어찌 보면 내게 있는 이기심과 교만함을 합창을 통해 발견하고 인정하며 '나'를 보는 것보다 '우리'를 보게 되는 시야를 넓혀 가는 것 같습니다. 이번 학기 이 합창의 파워를 우리 130명이 다 같이 느낄 수 있어서 너무나 좋았고, 이런 기회가 나에게 주어진 것에 너무나 감사했습니다.

솔직히 고백하자면 나는 중국에서 8년을 살았고 중국인 친구도 많기 때문에 만방에서 중국인 친구들과의 벽은 없을 것이라고 생각했었습니다. 그러나 이번에 처음으로 중국인 친구들과 같이 합창을 하면서 아직도 중국부와 국제부와의 사이에 거리를 두는 나의 모습을 보며 많은 실망을 느꼈습니다. 하지만 계속 연습을 같이 하면서 합창이 우리를 하나로 묶어준다는 느낌이 들었습니다. 우린 비록 문화와 언어와 생각의 기준이 다 다르지만, 한 지휘자를 보면서 같이 숨을 쉬고 서로의 소리를 들으면서 소리를 맞춰 가는 것이 기적이라고 생각합니다. 그리고 그 모습이 바로 합창의 감동을 만든다고 생각합니다.

공연할 때는 이전의 불협화음이 아름다운 화음으로 들리면서 우리가 하나 됨이 느껴졌습니다. 무엇보다도 가사의 뜻을 완전히 이해하진 못했지만 친구들과 함께 Adonai하나님를 찬양한 것은 정말 기적과도 같은 감동이었습니다. 하나님이 얼마나 기뻐하셨을까요. 모든 열방이, 모든 민족이 주님 앞에서 무릎을 꿇고 예배드리는 날을 생각하면 심장이 '쿵쾅'거립니다. 그날을 꿈꾸면서 사는 내게 우리가 드린 이 합창은 그날을 예비한 작은 불꽃이 아닐까 싶습니다.

난 음악이 좋습니다. 음악은 살아있으며 능력이 있고 생명력이 있기 때문입니다. 하지만 그 어떤 음악 중에서도 합창이 제일 좋습니다. 합창은 하나님이 만드신 악기인 사람의 목소리를 통해 감동을 전하기 때문입니다. 정말 놀랍지 않나요? 청중들은 한 번의 공연을 보며 감정과 감동을 느끼겠지만 연주자들에게 그 한 번의 연주가 더 소중한 이유는 그 음악 안에 한 사람, 한 사람의 삶이 모두 담겨 있기 때문입니다.

그렇습니다. 이번 공연의 그 순간은 나의 삶이었습니다. 나의 삶, 즉 우리가 부른 'There Can Be Miracles'의 감동은 그 공연을 만들어 갔던 많은 과정들로 이루어진 기적입니다. 이제 내가 해야 할 일은 내가 체험한 그 기적들을 삶으로 더욱 나타내는 게 아닐까 싶습니다.

성탄제를 준비하며 배운 것들

by 이은실

이번 크리스마스 성탄절 무대 배경은 이전의 것과 달리 색다른 시도였고, 작업해야 할 양도 많았기에 몸이 많이 피곤했습니다. 또한 처음으로 팀장의 역할을 맡았기 때문에 모든 팀원들을 살펴보면서도 크리스마스 일정에 맞춰야 하는 마음의 부담감이 적지 않았습니다. 그러나 그러한 상황과 지친 몸과 마음에 나의 생각을 집중하지 않고 크리스마스를 준비해야 하는 진짜 이유에 집중하려고 했습니다. 그래야 진정으로 기쁠 수 있을 테니까요.

비록 몇 시간, 몇 분 혹은 몇 초밖에 사용되지 않는 무대와 의상과 소품이지만 주연을 돋보이게 하고 연극의 효과를 극대화하기 위한 조연의 역할을 담당하듯 우리 미술팀은 몇 주라는 긴 시간을 들였습니다. 그리고 우리의 재능과 마음을 최선의 것으로 만들어 '아버지 하나님은 당신을 너무나 사랑하셔서 많은 사람 가운데 당신 한 사람을 찾길 원하신다'라는 하나님의 사랑과 성탄절의 의미를 제대로 전달하는 데에 집중하였습니다. 그리고 이러한 마음은 아주 작은 부분까지도 정성을 쏟을 수 있게 해주었습니다.

드디어 모든 작업이 끝나고 성탄절 막이 올랐습니다. 나는 관중석 맨 뒤에서 많은 선생님들과 전교생의 환호와 함성 속에서 펼쳐지는 무대와 연극의 한 장면 한 장면을 바라보았습니다. 완성된 무대를 보면서 많은 감동이 몰려왔습니다. 많은 사람들이 정말 대단하다며 칭찬해주고 연극을 보며 기뻐하는 것도 감사했지만, 태초부터 우리를 사용하실 목적으로 재능을 부여해주셔서 하나님의 마음을 알리고 그 일에 쓰임 받고 있다는 것에 더욱 감사가 넘쳤습니다.

크리스마스 성탄제는 미술팀뿐만 아니라 연극팀, 미디어팀, 스태프팀, 합창팀 그리고 여러 선생님들의 수고가 합쳐지는, 만방이 모두 참여하여 만들어 내는 공동 작품이기에 어느 팀 하나가 빠져서는 진행될 수 없는 큰 행사입니다. 이 책을 통해 미술팀의 작품을 더욱 빛나게 해준 다른 여러 팀의 수고에 깊은 감사의 마음을 전하고 싶습니다.

이전의 나는 내 안에 있는 열등감으로 인해 많이 힘들었습니다. 그러나 만방에서 배우고 훈련받으면서 남과 비교해서 무기력해질 때마다 내 단점을 보완하거나 장점을 성장시키는 데 더욱 집중하게 되었습니다. 그리고 어쩔 수 없는 단점이라면 친구들의 장점으로 도움을 받으며 함께 만들어 가는 기쁨을 알게 되었습니다. 이번 성탄제 준비 또한 나에게 그런 기쁨을 누릴 수 있게 한 소중한 일이었습니다.

우린 경쟁이 아닌 서로의 도움을 받도록 창조되었습니다. 퍼즐처럼 나의 부족한 부분은 누군가가 채워주고, 나는 누군가의 부족한 점을 채워주며 하나의 그림을 완성하는 것이지요. 혼자 다 잘하려고 하면 열등감으로 지쳐 기쁨이 사라질 때가 많았던 나에게 이번 성탄제 준비는 함께하는 기쁨을 알게 해주었습니다. 함께할 때 큰 빛이 되고 큰 힘이 되어 세상에서 주어진 목표를 잘 감당하는 나와 여러분이 되기를 소망합니다.

내일이 기대되어 행복합니다

by 중남미 나무 / 볼리비아 가지 김지혜 (9학년)

'기대', 이 단어는 이전의 내 삶에서는 찾을 수 없었고 멀리하는 단어였습니다. '예측이 가능한 똑같은 매일을 살고 있는데 기대할 필요가 있나?' 하는 생각이 많았기 때문입니다. 친구들 사이에서도 약속을 하고 기대했다가 실망했던 적이 한두 번이 아니어서 사람들에게 거는 기대도 사라진 지 오래였습니다. 그냥 싸우면 멀어지고 웃으면 웃어주고…, 어느 순간부터 내 삶에서 '기대'라는 단어는 찾기 어려웠습니다. 만방에 오고 나서도 예전처럼 혼자 괜히 기대하고 나서 실망하고, 스트레스를 받지는 않을까 하는 생각에 일부러 기대하지 않으려고 했습니다.

첫 학기, 중국에서 학교를 다니다 만방에 온 나는 한국에서 온 사람들과 살아온 환경도 다르고 문화도 달라서인지 관계를 맺는 것이 어려웠고, 서로 부딪칠 때가 많아 힘들었습니다. 그러나 그렇게 한 학기, 두 학기를 보내면서 그 시간들은 나를 더 성숙하게 만들어 주는 시간이었음을 알게 되었습니다. 나에 대해 그리고 다른 사람들에 대해 더 알아가게 되면서 조금씩 내 안에 갇혀 있던 생각이 바뀌고 상황을 보는 관점들이 달라졌습니다. 그러면서 삶은 생각보다 나에게 많은 선물을 주었다는 것을 깨닫게 되었습니다.

이번 학기에 찬양팀과 미술팀에서 활동하고 있는데, 주변 사람들과 함께 지내면서 웃음을 되찾고 사소한 것에 고마움을 느끼는 일들이 많아지면서 내 삶에 다시 '기대'라는 단어를 떠올리게 되었습니다. 지금은 잃어버린 빛을 찾은 것처럼 행복합니다. '예측이 가능한 매일을 살면서 기대할 필요가 있나?'라고만 생각했던 나의 일상이 달라졌습니다. 하루가 아침, 점심, 저녁으로 나뉘는 것처럼 삶에 대한 나의 기대도 아침, 점심, 저녁으로 나뉠 정도로 날마다 기대하는 삶을 살고 있습니다.

아침에는 일어나서 신선한 공기를 마시고 숨쉴 수 있다는 것에 감사합니다. 가끔씩 잠자리에 들면서 '내일 일어나지 못하게 되면 어쩌지?'라는 생각을 한 적이 여러 번 있었습니다. 그러나 이제는 하루하루 일어날 때마다 숨을 쉬고 있다는 것에 감사하며 '하나님께서 오늘은 어떤 일을 예비해 놓으셨을까?'를 기대하고, '마지막 날인 것처럼 최선을 다해 살자'라고 다짐하며 하루를 시작합니다.

점심이 되면 아침부터 늘 함께 지내는 주변 사람들로부터 받은 사소한 배려에 괜히 고맙게 느껴지고 반에서 있었던 일, 생활관에서 있었던 일 등으로 수다를 떨며 서로의 생활을 나누며 웃을 수 있어 행복합니다. 피곤하고 지칠 때면 '수고했다'고 말해주는 사람들이 있어 더욱 행복합니다.

하루를 마무리 할 시간이 되고 저녁 자습 3교시가 되면 항상 미술팀 친구들이 나를 기다려줍니다. 미술팀 Weekly Life를 통해 서로의 생각을 공유하며 풍성하게 나눈 후에는 다음 주에 또 나누게 될 Weekly Life를 기대하게 됩니다. 요즘은 미술팀이 합창제를 준비하기 위해 의상을 만들고 무대를 만드는 등 자르고 칠하고 붙이는 작업을 함께 하고 있습니다. 반복되는 일을 하고 있으면서도 그 시간이 즐겁고 기대되며 기다려집니다.

이렇게 즐거운 마음으로 하루를 마무리하고 나면 '내일은 또 어떤 일들이 있을까?' 하고 기대하게 됩니다. 그리고 다시 신선한 공기를 마시며 아침을 맞이하고 시작할 하루를 기대하며 행복한 잠자리에 듭니다. 어느새 '기대'라는 단어가 내 삶에 다시 찾아올 수 있게 해주신 하나님께 감사드립니다.

만방 생활관은 어떤 가족일까?

by 생활관 층장 섬김이 (김예진B, 윤지희, 고승환, 오우빈)

1층 : 정 많은 가족

한국뿐만 아니라 세계 곳곳의 사회가 점점 개인주의로 변하고 있습니다. 모두들 '자신의 삶을 존중해달라, 서로 피해를 입히지 말자'라고 말하지요. 그렇다면 만방의 여자 생활관은 어떤가요? 우리도 점점 그 길을 걷고 있지는 않나요? 어쩌면 우리는 개인의 삶, 개인의 상황에 갇혀 정작 공동체라는 소중함을 잃을 때가 많습니다. 규칙을 준수하는 것은 점점 발전하고 있지만 그 속에 사랑은 점점 작아져 가는 것 같이 느껴질 때가 있습니다.

이번 학기 1층 생활관의 주제는 '정 많은 가족'입니다. 생활관에서 서로 인사하고 내 일이 바쁘지만 서로의 하루를 물어봐주는 가족. 또 동생이 언니들 방으로 가서 시간을 보내고 서로의 고민을 들어주고 충고해주는, 사소하지만 정이 있는 모습이 우리가 바라는 가족의 모습입니다. 서로의 부족한 점도 다 알고 있는 끈끈한 사이, 누군가 실수해도 변함없는 사랑으로 대할 수 있는 진정한 가족의 모습을 기대합니다. 이번 학기 우리는 끈끈한 정을 이어가며 사랑을 회복하는 1층이 될 것입니다.

2층 : 믿고 보는 가족

2층의 층장으로서 내가 함께 만들어 가고 싶은 생활관의 모습은 '믿고 보는 가족'입니다. 지금까지 만방에서 지내면서 있었던 일들을 돌아보면 서로의 신뢰가 부족해서 일어났던 일들이 종종 있었던 것 같습니다. 신뢰가 있었다면 별것도 아닌 일이 신뢰가 없음으로 인해 크게 부풀려지고 서로에게 상처로 남는 일도 많습니다. 선생님들과 생활관 섬김이들을 신뢰하고 방장과 방원들을 신뢰할 때, 우리는 가족이라는 자부심을 가지고 생활할 수 있습니다. 우리 2층은 신뢰가 부족해서 소통이 막히는 일 없이 서로 '믿고 보는 가족'이 되었으면 합니다. 가족은 서로 완벽하기 때문에 신뢰하는 것이 아니라 가족이기 때문에 신뢰하는 것입니다. 그 사람을 믿고 옆에서 응원해 줄 수 있는 우리, 우선 '믿고 보는' 2층이 되기를 소망합니다.

3층 : 사랑하는 가족

우리 3층의 주제는 '사랑하는 가족'입니다. '사랑'이라는 단어는 사람마다 느끼는 바도, 의미도 다 다르지만 우리 3층은 어떤 모습이든지 사랑할 수 있는 가족 같은 생활관이 되었으면 합니다. 예전에는 아침에 '씻고 먹을까, 먹고 씻을까'를 항상 고민하는 것이 누군가에게는 불편한 일이어서 형과 동생이 이 문제로 대립했었는데 요즘에는 형들이 먼저, 또 동생들이 먼저 양보

하는 모습이 가득합니다. 사랑한다는 것은 무엇일까요? 겉으로만 잘해주고 불편하지 않게 하는 것이 사랑일까요? 때로는 잘 못해주거나 마음이 겉으로 표현되지 않을 때가 있고, 같은 방의 동생 혹은 형들이 이해되지 않고 짜증이 날 때도 있겠지만 '마음으로 사랑하는 사람'이 바로 3층 가족입니다. 사랑스러운 모습일 때만이 아니라 사랑할 수 없는 모습일 때도 서로 더욱 사랑하는 우리가 되었으면 합니다.

4층 : 빛이 있는 가족

우리 4층 생활관의 주제는 '빛이 있는 가족'입니다. 우리 모두는 한 생활관 안에서 함께 지내는 형, 동생 그리고 친구들을 빛나게 해주는 거울입니다. 좋은 거울이란 무엇일까요? 깨끗하고 흠 없는 거울이겠지요. 그러나 우리는 모두 완벽한 거울은 아닙니다. 저마다 자신의 거친 면들을 가지고 있기 때문입니다. 생활관은 이런 부족한 거울들이 다듬어지는 곳입니다. 각자 가지고 있는 거친 면들이 공동체 생활을 통해 다듬어지고, 이렇게 다듬어진 우리는 하나님의 거울로서 생활관의 가족들이 빛나도록 비춰줄 것입니다. 그래서 형, 동생을 사랑하는 마음을 배우고 서로를 이해하는 공동체로 만들어집니다. 우리는 '빛이 나는 가족, 빛이 있는 가족'이 될 것입니다. 우리 4층은 각자 자신의 거친 면들을 다듬어 다른 사람들을 빛나게 해주는 그런 멋진 가족이 되었으면 좋겠습니다.

History Maker

by 열방초원 / 예비졸업반 최준원 (11학년)

이 세상에서 하나님의 일을 행하는 것은 충분히 세상을 거스른다고 말할 만한 것입니다. 노아가 맑은 하늘에 그것도 높은 산 위에서 묵묵히 배를 지었던 것이나, 느헤미야가 불타고 폐허가 된 땅에서 그것도 수차례 실패했던 순간에도 묵묵히 성벽을 재건했던 것은 하나님의 말씀을 전하는 일이라도 사람들로부터 무시당하거나 조롱당하고 웃음거리가 되는 행동이었습니다.

세상이 보기에 History Maker는 세상 속에 조화를 이루지 못하고 현실을 인정하지 않으며 자신의 일만 꿋꿋이 해 나가는 바보 같은 사람일 것이고 또 그렇게 비판받을 것입니다. 실제로 만방을 졸업하고 만나게 되는 세상마저 그렇습니다. 음란, 게임, 물질, 성공주의 등을 피해 하나님의 뜻을 좇는 우리들을 우습게 볼 것이고 세상의 흐름에 맞추지 못한다고 조롱할 것이며 같이 즐기자고 하는 상대방의 마음을 이해하지 못한다며 비판할 것입니다.

하지만 그 순간마다 그들을 미워하고 답답해하는 모습은 History Maker의 모습과는 거리가 멉니다. 그들은 오히려 비판을 기도제목으로 바꾸는 건강한 마음을 지니고, 그 비판을 통해 현재 우리의 모습과 언행들을 더 점검해야 할 것입니다. 세상을 꾸짖고 원망하며 바꾸려 하는 것은 오히려 지혜롭지 못하다고 생각합니다. 우리의 기도에 응답하시고 나를 통해 이루실 하나님을 기대한다면 하나님께서는 분명히 이 세상을 움직일 것입니다.

비록 한 달이라는 시간이지만 우리도 JD 기간 동안 그런 세상을 경험하게 될 것입니다. 절대적인 진리가 없고 옳고 그름을 분별하지 못하는 그런 세상에, 우리가 만방에서 훈련받고 하나님께 지혜를 구했던 것들을 안고 나아가 묵묵히 지켜 나가게 될 것입니다. 그래서 우리가 세상 사람들의 마음을 만져주실 하나님의 일하심을 구하고, 우리의 의식 속에 영적인 민감함을 갖고 언제나 깨어 있을 수 있도록 더 구해야 하는 것 같습니다. 친구들과의 만남이나 TV를 통해 보게 되는 세상의 모습을 보며 중심을 잃지 않는 우리의 마음과 그런 세상을 위한 기도가 절실히 필요할 것입니다.

JD 기간 동안 많은 사람들과 교제할 수 있는 기회를 통해 우리의 것들을 당당히 전하고 나눌 수 있는 담대함을 가질 수 있도록 하나님께 기도하며 우리 모두가 그렇게 되기를 기대합니다.

나의 시편 23편

by 아프리카 나무 / 탄자니아 가지 서이삭 (8학년)

삶의 여러 날들을 통해 하나님은 나를 훈련시키셨고, 나의 연약함을 철저히 깨닫게 하셨습니다. 그때마다 하나님이라는 큰 나무에 마음을 의지하며 기대었습니다. 기도로 하나님과 소통하면서 어느새 매 순간 하나님을 찾는 내가 되어 있었습니다. 그 순간순간을 돌아보며 나도 다윗처럼 함께하셨던 하나님을 찬양하는 시를 지어봤습니다. 이 시를 모두와 함께 나누고 싶습니다.

이삭이의 시편 23편

여호와는 내게 큰 고목되시니

내가 그곳에서 떠나지 아니하리이다.

내가 그를 기대어 눕고 그 아래에 그늘을 얻으리로다.

썩어진 풀 같은 내 마음에 새 싹을 틔우시고

갈급한 내 마음에 물을 뿌리시는도다.

타향에 홀로 와 밤이 되어 컴컴한 방에서

그리운 곳 생각에 눈물이 또르르 흘러도

내가 두려워 않는 것은

내 입이 그를 부를 수 있고

내 마음이 그를 바라기 때문이라.

흐르는 눈물을 사랑이란 손수건으로 닦으시니

내가 주께 감사하고 또 감사하리로다.

죄악과 교만으로 내가 미워질 때도

그가 내 곁에 정원사와 같이 계셔

비뚤어진 가지를 바로 잡으시니

내 평생에 그를 따르고 그의 이름을 부르며

이 한 몸 그에게 맡기리이다.

버리고 싶은 단어, 찾고 싶은 단어

by 전현정

새해를 맞이하며 작년 한 해 동안의 모든 것을 돌아보고 새해를 위한 계획을 세워보려고 합니다. 지난 한 해는 내 인생에서 평생 잊을 수 없는 시간으로 간직될 것입니다. 하나님께서 우리 가족을 생각하지도 못한 곳과 상황으로 인도하시면서 하나님의 계획대로 인생이 바뀌었기 때문입니다. 미국에서 한국으로 그리고 다시 한국에서 중국으로 오게 되었고 만방에서 지내면서 하나님의 계획을 더 가까운 곳에서 보는 느낌입니다. 또한 그동안 억눌렸던 잠재력이 만방에서 발휘되면서 엄청난 성장도 하게 된 것 같습니다. 아직도 가야 할 길은 멀지만 말입니다.

올해 나의 결심을 간단히 설명하자면 찾고 싶은 단어 하나와 버리고 싶은 단어 하나로 정리할 수 있습니다. 내가 버리고 싶은 단어는 '얽매이기'입니다. 미국에서 생활할 때를 떠올려보고 그때 썼던 일기들을 다시 읽어보면, 나는 항상 무언가에 얽매여서 살고 있었던 것 같습니다.

예를 들면, 공부를 괜찮게 하고 있었기 때문에 학생으로서 무엇을 해야 하는지 잘 알고 있는 것처럼 보였을 수도 있었겠지만 사실은 점수와 경쟁심에 얽매이고 있었습니다. 외모에도 얽매여 자신감이 없어 힘들어했고, 크지는 않지만 여러 작은 것들에 얽매여서 정말 중요한 것들에는 무관심했었던 것 같습니다.

지금 생각해보면 미국에서 살 때 정말 많은 걸 누리고 있었는데도 계속 얽매인 것들에 정신이 팔려 있어서 하나님께 감사하는 걸 잊고 그 많은 시간을 낭비했던 것 같습니다. 하지만 하나님께서는 내게 다시 한 번 기회를 주셔서 나를 만방으로 인도하시고 많은 것을 가르쳐주십니다.

그런가 하면 내가 찾고 싶은 단어는 '깨어있기'와 '자유로워지기'입니다. 무언가에 눌려 있어서 경직되어 있지 않고 얽매인 것에 마음을 뺏기지도 않으며 비전을 찾고 매사에 감사하는 마음으로 하나님과 가깝게 지내는 풍요로운 삶을 살도록 할 것입니다.

올해는 작년보다 더 행복하고 하나님과 더욱 친밀한 관계를 맺음으로써, 하나님이 내 앞에 어떤 길을 펼쳐 놓으셨는지 알게 되는 열정 넘치는 한 해가 되었으면 좋겠습니다.

내가 변화된 이야기

by 아시아초원 / 중앙아시아 목장 박은경

만방에서는 변화하려고 노력하는 많은 친구들이 있고, 실제로 성장한 친구들도 많이 볼 수 있습니다. 그러나 나는 3년의 만방 생활 동안 1년 반 정도는 아무런 변화도 없었고 어떤 변화조차 받기를 거부했었습니다. 왜 그랬을까요? 자신감에 넘쳐서? 이 정도면 괜찮다는 만족감 때문에? 아닙니다. 오히려 나는 평범한 나 자신이 부끄럽고 한심해서 자신을 꽁꽁 숨기려 했고 남이 나를 보는 시선들이 두려워서 진짜 내 모습을 감추려고만 했었습니다. 그렇게 지내는 동안 내 안에는 열등감, 선생님들과 친구들을 향한 불신, 흔들리는 정체성 그리고 좁아져 가는 인간관계밖에 남아 있지 않았습니다.

그러던 어느 날 기도 모임에서 나를 안타깝게 여기던 친구들의 기도가 내 마음속에 조그마한 변화의 씨앗을 심어주었습니다. 내 아픔을 나보다 더 아파해주고 조금이라도 도움이 되어주려고 하는 가식 없는 친구들의 모습들이 꽁꽁 닫혀 있던 내 마음을 여는 데 밑거름이 되어준 것입니다.

그리고 어느 날 책장에서 독후감을 쓰려고 골랐던 책에서 포스트잇 5장 정도의 분량으로, 그때 당시의 목장 선생님의 메모를 보게 되었습니다. 그 포스트잇에는 '이 책을 읽고 은경이가 어떻게 변화되었으면 좋겠다', '이 책의 어느 부분을 복사해줘야겠다', '기도가 가장 중요하다. 기도하자' 등 온통 나의 변화를 바라시며 연구했던 내용들로 가득했습니다.

그 포스트잇을 한 장 한 장 읽으면서 정말 그동안의 내 태도를 눈물로써 회개하며 '선생님들이 나를 형식적으로 대하셨던 것이 아니라 정말 나를 위해 노력하시고 사랑하시는구나'라는 마음이 들었고, 선생님들을 향한 불신으로 가득했던 내 마음이 선생님들의 헌신과 수고에 대한 감사와 신뢰로 변화되었습니다. 그때부터 나는 선생님들과 친구들 그리고 하나님께 기쁨이 되자는 다짐을 하였고 변화하기 위해 정말 많이 노력했습니다. 목장 선생님이 개인적으로 내주시는 숙제에 몇 시간이 소요되어도 거듭 생각하고 고민하여 제출하였고, 그동안 부족함이 드러날까 봐 나를 숨기기 바빴던 친구들에게 도움을 청하기도 하는 등 이전과는 다른 모습으로 변화를 갈망하였습니다.

그렇다고 처음부터 나의 변화를 실감할 수 있었던 것은 아니었습니다. 부족한 모습들, 갖고 있던 상처들이 자꾸만 드러나 포기하려고도 했었지만 옆에서 끊임없이 지탱해주고 응원해주는 친구들과 선생님이 있어 나의 한계를 뛰어넘고 변화할 수 있었습니다.

언제부터인가 웃으며 생활하고 있고 주위 사람들 한 명 한 명을 소중하고 감사하게 여기며, 부족해서 안 된다고 질책만 했던 스스로에게 괜찮다고 다시 해보자며 격려하고 있는 나 자신을 발견할 수 있었습니다. 하루하루의 일상이 무의미하고 지루하다고 느꼈던 예전의 삶과는 달리 지금은 내가 해야 할 일들을 적극적으로 찾고 그 일들에 감사하며 다양한 여러 사람들과 어울려 살아가고 있습니다. 이렇게 내가 변화하도록 옆에서 도와준 친구들, 선생님들, 부모님 그리고 하나님께 감사드립니다.

이제는 나만 변화하고 성장하는 게 아니라 주위에 열등감이나 피해 의식, 낮은 자존감 때문에 힘들어하고 있는 친구들에게 꽁꽁 닫고 있는 마음의 문을 열게 하고 자신이 이 세상에 꼭 필요한 존재라는 걸 인식하도록 돕는 것이 그 감사에 보답하는 길이고 내가 가져야 할 사명이라고 생각합니다.

혹시 자신이 이 세상에 필요 없다고 느끼거나 주변에 나보다 더 잘나 보이는 친구들의 모습에 열등감을 느끼고 있지는 않나요? 부러워하거나 시기할 필요가 없습니다. 우리 모두에게는 각자가 잘하는 무언가가 있고 쓰임 받을 귀한 존재이니까요. 지금 바로 마음의 문을 열고 당신에게 도움을 주려는 주변 사람들의 도움을 받아들이세요. 그 순간부터 우리는 우리의 가치를 깨닫게 될 것이고 하나님께서 창조하신 창조의 목적대로 살 수 있을 것입니다.

지난 3년, 명검이 되는 시간

by 이범혁

만방학교에서 3년 동안 지내면서 정말 많은 것을 배우고 얻었습니다. 하지만 그중에 가장 소중한 한 가지만 고르라고 한다면 바로 이곳에서 소중한 가치들을 배운 경험이라고 말하고 싶습니다. 사실 이 글을 쓰기 위해 정말 열심히 준비했습니다. 이 주제, 저 주제로 끊임없이 쓰고 고쳐도 계속 마음 한구석에서는 '이게 아닌데'라는 마음이 들어 차마 그 글들을 끝맺지 못했습니다. 그래서 써놓은 종이들을 모두 버리고 다시 생각했습니다.

'내가 단 하나의 주제밖에 나눌 수 없다면, 어떤 이야기를 할까?'

고민 끝에 만방학교에서 배운 중요한 가치들에 대해 나누기로 했습니다.

3년 전, 만방학교로 온 그날부터 내 삶이 뿌리째 바뀌는 훈련이 시작되었습니다. 첫 해에는 내 안의 문제들 때문에 수없이 혼나고 상담하면서 반성문과 결심서를 쓰고, 책을 읽고 혼자 생각하며 대부분의 시간을 보냈습니다. 정말 많이 힘든 시간이었지요.

두 번째 해에는 섬김이 자리를 맡게 되었는데, 그 후로 공동체의 여러 가지 문제점들과 의견 차이와 억울한 일들을 겪었고, 또 많은 어려움들을 만났습니다.

11학년이 된 뒤로는 공부가 새로운 어려움이었습니다. 대학 시험들과 대학 수준의 수업들, 그 외에도 학업활동 과제들과 수많은 활동들을 정해진 시간 안에 모두 해내야 한다는 사실이 나를 압박했습니다. 항상 시간을 지혜롭게 쓰지 못하는 것 같아 스스로를 자책했고, 최선을 다해 아무리 열심히 노력해도 실력에 변화가 없는 것 같아 어려움을 겪었습니다.

3년 동안 정말 많은 어려움을 겪고 포기하고 싶은 순간도 수없이 겪으면서 괴로운 시간을 보냈지만, 사실 이 시간 동안 나는 수많은 것들을 얻을 수 있었습니다.

여러 방면으로 많이 성장하고 성숙했지만, 내가 배운 것들 중 정말 값지게 생각하는 두 가지는 살아계신 하나님에 대한 믿음과 야성이었습니다. 진짜 중요한 것이 무엇인지를 알고 그것을 붙들어야 한다는 것을 배웠습니다. 양손에 그리고 내 안에 놓지 않고 꽉 쥐고 있었던 수많은 것들을 이곳에서 하나둘 버리게 되었습니다. 좋은 이미지, 좋은 머리, 좋은 관계 등 그동안 내가 가치 있다고 생각했던 것들을 모두 가차 없이 쳐냈습니다. 정말 중요한 것은 이런 것들이 아니라 내 삶을 붙드신 이가 나를 훈련하시며 만들어 가신다는 믿음임을 알게 되었습니다.

또 하나의 중요한 것은 예전의 나에게서는 찾아볼 수 없었던 일종의 '야성', 즉 도전 정신이 생겼다는 것입니다. 이는 여러 기회를 통해 나의 한계를 뛰어넘는 것들에 도전하면서 생긴 것입니다. 합창단에서 모세 역할을 하고, 전중국 모의 비즈니스 대회 개막식 연설에 도전하고, 미국의 Harvard University에서 진행하는 Pre-College 프로그램에 참여하는 등 예전의 나라면 도전할 엄두도 못 냈던 것들에 도전하였습니다.

나의 3년 동안의 만방 인생을 돌아보면, 감사한 것이 너무나 많습니다. 또한 이런 혹독한 훈련의 시간들은 나를 향한 또 다른 사랑의 방식이었다는 것을 알게 되었습니다. 명인이 명검을 만들기 위해 수없이 쇠막대를 두들기고 담금질을 하듯이, 또 어미 독수리가 새끼 독수리가 날 수 있을 때까지 절벽에서 떨어뜨리고 낚아채 올리는 것을 반복하듯이, 이곳 만방학교에서 저와 한 명 한 명의 만방 학생들은 강하게 훈련받고 있습니다. 어쩔 땐 힘들고, 억울하기도 하고, 그만 두고 싶은 마음도 들겠지만 그럴 때마다 포기하고 회피하기보다 더욱더 높은 것을 찾고 도전하며 어려움들을 극복해 나갔으면 좋겠습니다.

감상문

2주간의 다니엘 프로젝트를 하며

by 최예주

Healthy start! 다니엘 프로젝트를 시작한 지 벌써 2주가 지났다. 아직까지는 처음과 같은 마음으로 프로젝트에 임하고 있다. 비록 2주밖에 지나지 않았지만 효과가 조금씩 나타나고 있다.

첫째, 예전보다 수업시간에 졸지 않는다. 집중력이 향상되는 것은 아직 잘 모르겠는데 확실히 덜 존다. 그리고 밤에 잠을 잘 못 자는 편인데 지금은 누우면 그냥 바로 잠든다이게 피곤 때문인지, 다니엘 프로젝트 때문인지는 모르겠지만! 이대로라면 2달 후 충분히 집중력이 향상될 수 있을 것 같다.

둘째, 피부가 좋아졌다. 이건 눈에 띨 만큼 좋아져서 정말 놀랐다. 특히 코가 원래 도돌도돌한 피부였는데 지금은 만지면 매끈하다!

셋째, 살이 빠졌다.

넷째, 배변활동이 원활해졌다. 완전히는 아니지만 내 몸속의 변화이기 때문에 많이 좋아졌다는 걸 느낀다.

다니엘 프로젝트를 하면서 가공식품의 유혹을 별로 받지 않았다. 2주 동안 먹은 음식들이 생각했던 것보다 너무 맛있었고, 10학년 여학생들이 다 같이 하기 때문에 평소 늘 먹던 음식들떡볶이, 비빔밥 등등이 얼마나 맛있고 소중한지 알게 된 것이다. 평소라면 못 느꼈을 텐데…. 다니엘 프로젝트를 하면서 더욱 감사하게 되었다. 다니엘 프로젝트는 몸에만 변화를 주는 것이 아니라 마음에도 긍정적인 변화를 주는 것 같다. 이 프로젝트가 끝난 후 더 한다고 해도 기꺼이 참가할 것이다.

다윗과 함께하는 여행 감상문

by 유제호

정말 너무나 행복했던 다윗과 함께 떠나는 여행, Journey with King David! 한국에 도착하자마자 엄마와 단 둘이서 맛있는 것을 먹고 탁구를 치며 즐거운 시간을 보냈다. 이번 여행이 나에게 더 행복했던 이유는 아버지께서 우리와 함께 교회를 가셨기 때문이다. 너무 신기하고 기쁜 나머지 예배를 드리는 내내 함께 예배를 드리고 계신 아버지께로 시선이 갔다. 그동안 '아버지가 함께 교회에 나오시면 얼마나 좋을까' 하고 간절히 바랐던 일이 눈앞에서 펼쳐진 것이 꿈만 같았다. 더 놀라운 것은 그날의 특송이 '축복하노라'였던 것이다. 소름이 돋았다. 하나님께서 나를 축복해주시고 계심이 느껴졌기 때문이었다. 예배가 끝나고 가족에게 '축복하노라'가 우리 학교의 제2교가이며 그 찬양이 얼마나 아름다운 노래인지 말씀드리고 그동안의 학교의 일들을 설명해드렸다. 그 은혜가 이어져 QT의 시편 말씀을 묵상할 때는 그날의 상황이 더 와닿았고 하나님께서 내 옆에 항상 계시다는 것이 실감되어 행복했고 감사했다.

두 번째로는 5년 동안 같은 학교에서 지낸 친구들을 만나서 맛있는 것도 사주며 시간을 함께 보냈다. 그러나 고3이 되어 힘들고 지쳐있는 모습들로 대화를 나누는 동안 계속 욕을 하고 담배를 피는 친구들을 보며 마음이 아팠다. 충고를 해주었지만 들으려고 하지 않아서 더 마음이 아팠다. 앞으로 기회가 닿는 대로 친구들과 대화를 나누는 시간을 가져야겠다.

세 번째로는 할머니 댁을 방문하였고 치매를 앓고 계신 할아버지를 뵈었다. 걱정했던 것과는 달리 나를 기억하시며 반갑게 맞아주시고 건강한 모습이셔서 감사했다. 할아버지께서 저녁을 먹고 나에게 산책을 하자고 하셨다. 이전에 3년 정도 할아버지와 함께 살았을 때 말이 없으시고 무서웠던 할아버지와의 시간들이 생각나서 선뜻 마음이 내키지 않았지만 순종하는 마음으로 함께 걸었다. 할아버지의 손을 잡아드리고 함께 호수를 걷는데, 그토록 말씀이 없으셔서 어려웠던 할아버지께서 많은 말씀을 해주시는 것이 아닌가. 그래서 나도 학교생활과 내가 얼마나 행복한지에 대해 말씀드렸다. 솔직히 할아버지께서 나의 이야기에 귀를 기울이시는지는 모르겠지만 할아버지와 오랜만에 단 둘이서 좋은 시간을 보낼 수 있어서 감사했다.

한 가지 아쉬운 것은 우리 방 동생들과 함께 만나 즐거운 시간을 보내기로 했었는데 모두 바쁜 시간을 보낸 탓에 만나지 못하고 전화로만 서로의 안부를 듣게 된 것이다. 다음 여행에서는 만방의 가족들과 함께 만나 한국에서의 시간을 의미 있게 보내고 싶은 마음이 간절하다.

행복했고 감사가 넘친 여행이었지만 아직도 부족한 나의 모습을 보게 된 시간이기도 하다. 부모님께 효도하겠다는 마음을 가지고 여행을 시작했지만 부모님께 순종하는 중에도 과거에 했던 실수들이 반복되어 부모님의 마음을 아프게 해드린 것 같아 죄송했다. 그러나 다시 마음을 고쳐먹고 부모님의 마음을 기쁘게 해드리려고 노력할 수 있었다. 가족의 소중함을 깨달아 가고 가족과 함께하는 시간이 더 기쁜 것은 만방에서 배우고 성장하면서 변하게 된 나의 모습이다.

이번 다윗과 함께하는 여행은 QT, 감사, 독서를 통해 한층 더 성장한 나의 모습을 보게 된 의미 있는 비전 트립Vision Trip이었다.

아웃리치 영어 캠프Outreach English Camp 소감문

by 유럽나무 스페인 가지 정현수

사실 첫 번째로 아웃리치를 하는 것이기도 하고, 아웃리치는 여름학기의 '하이라이트'라고 들어서 영어 캠프와 함께 기대를 굉장히 많이 했다. 평소에도 교육 쪽으로 관심이 많았고, 계속 어릴 때부터 선생님이 꿈이었기에 많은 것을 배우고 경험할 수 있는 귀중한 시간이라는 생각이 들어서 열심히 임하기로 다짐했다. 그런데 아웃리치 일정이 3일밖에 되지 않은 데다 중간에 하루는 합창대회를 나가야 해서 결국 하루밖에 참여할 수 없게 되었다. 그래서 더더욱 최선을 다해서 임하고 적어도 내가 맡은 2학년 친구에게는 각별한 사랑을 부어주려고 했다.

그렇게 아이들을 가르치고 함께하는 동안 배우게 된 것들도 많이 있었다. 아이들의 순수하게 뛰어노는 모습을 보며 추억에 젖기도 하였고, 선생님의 입장에서 아이들을 보다 보니 나와 우리 만방학교 학생들을 가르치시는 그리고 다른 모든 선생님들의 마음을 조금은 엿볼 수 있었던 것 같다. 우리 한 명 한 명을 가르치시는 선생님들께서는 우리보다 시야가 훨씬 넓고 마음도 깊으실 것 같다.

아웃리치 활동 중에 크게 의미가 있었던 일이 있었다. 한 아이가 친구와 싸워서 수업 중에 나간 일이 있었는데, 나가서 그 아이를 달래려는데 내 말을 하나도 들으려고 하지 않는 것이다. 그 아이는 화가 나 있는 동안 자기 자신밖에 보지 못하고 다른 사람들을 생각하지 않았다. 약 30분 정도를 계속 들어가자고 말하는데도 아이는 안 들어가겠다며 떼를 썼다. 그때 한 선생님께서 다가오셔서 "속상했겠구나"라고 말씀하시고는 대화를 이어 나가시며 다정하게 아이를 달래주셨다. 그러자 아이가 바로 반응하는 게 아닌가.

그때 알게 되었다. 나는 30분 동안 아이에게 왜 그러냐고 화를 내고 있었던 것이다. 10살짜리 아이에게 이것도 모르냐고 답답해하면서 그의 마음을 이해해주지 못했던 나 자신이 너무나 부끄럽게 느껴졌다. 이 일을 통해 내가 아직도 더 많이 성장해야 함을 느낄 수 있었던 것 같다. 내 좌우명이 '역지사지'인 만큼, 내가 얼마나 다른 사람을 배려하는지를 돌아보며 다른 사람의 입장에서 생각해보는 것에 대해서 더 많이 훈련해야겠다고 다짐했다.

짧은 시간이었지만 배울 수 있는 게 있어서 그리고 의도치 않게 나를 돌아볼 수 있게 되어서 감사했다. 다음 아웃리치에는 더욱더 큰 사랑으로 아이들을 이해해주고 품어주며 부드럽게 다가가는 성숙한 선생님으로서 임하고 싶다. 다음 아웃리치를 기대해본다.

아웃리치 영어 캠프Outreach English Camp 소감문

by 아프리카 나무 / 케냐 가지 김성은

이번 아웃리치는 처음 경험한 것이었다. 나의 꿈이 선생님이기 때문에 예전부터 기다렸던 터라 큰 기대감으로 아웃리치에 임했다. 아웃리치를 시작하기 전에는 내가 아이들을 섬기고 아이들을 가르치는 시간이라고만 생각했다. 이미 아웃리치를 참여해본 사람들이 “예전 아웃리치 때 아이들을 통해 정말 많은 것을 배웠다”라는 말을 했었을 때, “아이들에게 뭘 배울 수 있지?”라고 생각했는데 지금 생각해보면 나 역시도 아이들을 통해 배운 것이 진짜 많은 것 같다.

아이들을 보며 나 자신을 돌아보고 배울 수 있었다. 지금의 나를 그리고 예전의 내 모습을, 아이들을 통해 바라보며 반성하고 돌아본 것이다. 어릴 때 별거 아닌 일로 찡얼대던 모습, 사소한 일로 정말 즐거워했던 모습 등 여러 모습을 볼 수 있었던 것 같다. 특히 내가 맡은 학생내 딸을 보며 많은 것을 깨달았다.

학교에서 반장을 하고 있는 내 딸은 자신이 항상 다른 사람을 챙겨야 한다는 책임감이 있고 다른 사람의 눈치를 많이 본다. 3일 동안 함께 있는 동안에도 나뿐만 아니라 주위 사람들의 눈치를 많이 보았다. 그 아이를 보며 ‘그냥 어린아이같이 즐겁고 행복하게 지내면 좋을 텐데…’라는 생각이 들면서도, ‘나는 왜 행복하지 않게 지낼 때가 있었을까? 그냥 감사하며 매 순간을 행복하게 지냈으면 좋았을 것을…’ 하며 후회하기도 했다.

내 딸은 자신이 항상 1등이기를 원한다. 줄을 설 때도 꼭 새치기를 해서라도 첫 번째에 서야 하고 발표할 때 줄을 서도 꼭 첫 줄에 서야 한다. 누군가에게 지기 싫어하는 마음은 누구에게나 있지만 유독 많은 아이였던 것 같다. 그래서인지 그 아이를 보며 ‘이 부분은 진짜로 알려주고 싶다’ 하는 순간이 꽤 많았던 것 같다. 진심으로 그 아이가 잘되길 바라서였을 것이다.

그 아이를 향한 내 마음을 보면서 선생님들과 부모님의 마음을 엿볼 수 있었다. 나는 고작 3일 동안 함께 있으면서 이런 마음을 느꼈는데 선생님들과 부모님은 어떤 마음으로 나를 가르치셨는지 조금은 알 것 같았다. 아웃리치를 통해 부모님의 마음과 선생님의 마음을 조금이라도 알게 되면서 감사할 수 있었다. 그리고 내 꿈에 대해서도 많이 생각해볼 수 있었다. 이렇게 3일 동안 아이들과 같이 있는 게 힘은 들었지만, 그래도 아이들과 오랫동안 같이 있는 선생님이 되고 싶다는 생각이 간절히 들었던 시간이었다. 아웃리치에 참가해서 즐거운 시간을 보낼 수 있었음에 정말 감사하다.

아웃리치 영어 캠프Outreach English Camp 소감문

by 아시아나무 / 중앙아시아 가지 이윤지

아웃리치 때마다 각자 맡은 아이들에게 준 사랑보다 더 큰 사랑을 돌려받을 때 받는 감동은 너무나 위대하다. 지난번에도 그랬는데, 역시나 이번에도 마찬가지였다. 그래서 이번에는 조금 다른 이야기를 해보려 한다. 바로 아웃리치 팀원과 팀의 '하나 됨'에 대한 것이다.

팀의 부팀장으로서 처음으로 책임감과 큰 소속감을 갖게 되면서 마음속으로 다짐한 내 목표와 다짐이 있었다. "우리 팀원 각자 모두 이 팀의 일원임을 행복해하고 기뻐해하기, '우리 팀 좋다!' 라고 외칠 수 있게 만들기." 그래서 작은 것부터 하나하나 귀찮아하지 않고 더 큰 관심을 주었다. 그리고 알게 되었다. 정말 작은 것에서부터 우리는 하나가 될 수 있지만, 작은 것이기에 하지 않고 그냥 지나칠 수도 있다는 것을.

'아웃리치 모임에 올 때 서로를 깨우며 다 같이 걸어오는 한 걸음, 팀원들과 함께 먹기 위해 한 움큼 손에 들고 온 비타민 한 알. 이 작은 것들은 우리가 계속 서로를 아끼며 챙기게 하는 서클 같은 것을 만들어 주었다.

이번 아웃리치는 내가 가르친 아이들에 대한 여운뿐만 아니라 팀에 대한 감동과 여운도 많이 남는 시간이었다. 합창대회 준비 때문에 하루를 통째로 빼먹었는데도, 함께 있었다고 해도 과언이 아닐 만큼 팀원들이 사랑스럽고 애정이 듬뿍 느껴졌다. 이번 아웃리치 또한 잊지 못할 소중한 시간으로 만들어 준 팀원들에게 고맙다.

시

우리는 꽃 같아서

by 양희진

사람은 '꽃' 같아서
'해'와 같은 영원하신 주님의 사랑과
'비'와 같은 은혜와
'영양제'와 같은 순간적인 사람의 관심도 필요하죠.

작고 부끄럼 많은 들꽃 같은 사람도,
크고 강한 팬지 같은 사람도 있겠지만
해는 또 비는
누구에게나 소중한 한줄기 한줄기를
매일매일 잊지 않고 내려주어요.

그만큼 해와 비가 너무너무 익숙해서
매일 내리는 따사로운 햇빛과
상쾌한 빗물에도 바람에도
자꾸 흔들리는 자신이 어리숙해 보인다면

자꾸 비교하게 된다면

당신을 위하여
태양과 하늘을 만드시고
주관하시는 하나님과 그 사랑을,
여러분을 위해 아침마다
우주를 깨우시는 그 사랑을
느꼈으면 좋겠어요.

만약
당신이 없다면 …

나왔다 말았을 반쪽자리 해
영원히 내리지 않았을 비
당신과 함께 있었기에
더 성장할 수 있었던 이들까지도
그렇기에 더 감사하고
사랑하며 자랐으면 좋겠어요.

우리는 모두
꽃과 같은 사람들이기에

심으신 그분의 목적이 하나하나 있기에
또 향기 나는 꽃들이기에
그 가치를 잊지 않았으면 좋겠어요.

나무에 꽃이 피듯

by 박수진

꽃이 피길 간절히 소망합니다.
하루빨리 봄이 오기를
눈이 멈춰
곳곳에 낀 얼음들도 녹을 쯤이면
나도 땅을 밟을 수 있으니까요.

밤새 꽃이 되어 나무에 앉아
하늘을 바라보는 꿈을 꾸곤 합니다.
얼마나 즐거울까요?

새하얀 꽃이 피길 간절히 소망합니다.
하지만 나는 봄이 오기 전까지
아무것도 할 수 없습니다.
그저 견디는 것만이

나의 유일한 소망이었지요.

“내가 마음 둘 곳은 어디 있습니까?”
라고 말해봅니다.
도대체 나의 봄은 언제 오냐고.

오늘도 나의 하루는 흘러갑니다.
하루 동안 나는
지나가는 사람들을 지켜보거나
피어있는 꽃들을 보며
눈물을 흘립니다.

하지만 하루 동안 나는
예쁜 나비도 볼 수 있고
막 돋는 새싹도 볼 수 있어요.
비를 맞거나 새까만 겨울 하늘 위에 뜬
별들을 셀 수도 있지요.

봄이 오든 안 오든
어느새 나는
행복할 수 있게 되었습니다.

나는 이미
많은 것을 가졌기 때문이에요.

차가운 겨울바람의 결 끝엔
봄의 온기를,
딱딱한 땅 아래엔
새로운 생명의 목소리를
듣습니다.

나는 최고로 행복한 사람입니다.

There Is Something More

by 이민희

보이는 것이 전부가 아니기에
오늘 당신을 뽐내지 못한 것을
안타까워하지 않아도 됩니다.

보이는 것이 전부가 아니기에
누군가의 미소 뒤에는
흔들리고 있는 눈동자가 있기도 합니다.

보이는 것이 전부가 아니기에
초록불로 변했다고 해서
꼭 건너야 하는 것은 아닙니다.
토네이도가 흩어놓은
집은 보이지만
토네이도가 청소해둔
바닷속 깊은 곳은 보이지 않습니다.

보이는 것이 전부가 아니기에
거울에 비친 당신의 모습이
당신의 전부를 말할 수 없습니다.

보이는 것이 전부가 아니기에
티코를 타고도 충분히
행복할 수 있습니다.

보이는 것들이 전부가 아니기에
조금 더디게 가도 괜찮습니다.
나에겐 지금이 보이지만
그대는 그 끝을 보고 있으니
나도 따라 그 끝을 봅니다.

보이는 것이 전부가 아니기에
삶은 풍성하고
빈 잔은 채워질 일만 남은 겁니다.

보이는 것이 전부가 아니기에
나는 나를 칭찬하지 않습니다.
먼 훗날에 그것을 알게 될 때면
이것 역시 그들이 보지 못했던
무언가가 되어 있을 것이기 때문입니다.

Part 4

FRUITS OF WISDOM

위즈덤 후르츠

선한 영향력을 전하며 열매 맺는 삶을 살아가는
만방 졸업생들의 이야기

Part 4

FRUITS OF WISDOM

위즈덤 후르츠

선한 영향력을 전하며 열매 맺는 삶을 살아가는
만방 졸업생들의 이야기

Facing the Giant

믿음의 승부

중국 대학 입시가 시작되었습니다. 이제 우리 졸업반 학생들이 북경대, 청화대, 인민대, 복단대, 상해교통대, 북사대 등 중국의 주요 명문 대학 시험을 보기 위해 북경, 상해로 가게 됩니다. 2017년도 중국 교육부 통계에 따르면, 중국 내 외국인 유학생 수가 49만 명에 이른다고 합니다. 최근 몇 년 간 매년 10%의 성장률을 유지하고 있다고 합니다. 그중 한국 학생이 전체 유학생 중 1위의 자리를 차지하고 있습니다. 작년부터는 한국에서 중국으로 유학을 가는 학생 수가 미국으로 유학을 가는 학생 수를 넘어서고 있다고 합니다. 중국으로 유학을 가는 학생들의 목적도 지난날 도피성 유학에서 꿈과 비전을 찾고자 도전하려는 것으로 급격히 변화하고 있습니다.

중국의 위상과 영향력이 날로 높아지고 있는 가운데, 중국 대학들도 점점 유학생들에 대한 요구를 높여 가고 있습니다. 중국의 최고학부로 진학하는 관문은 점점 좁아지고 입시 경쟁률은 더욱 치열해지는 것이 현실입니다. 우리 학생들이 대학에 들어가면 중국 최고의 엘리트들과 경쟁이 시작될 것이고, 앞으로 세상을 살아갈 때에도 수많은 거인들을 상대하게 될 것입니다.

졸업반이 되면 보여주는 영상이 있습니다.

실화를 바탕으로 한 영화 Facing the Giant의 한 장면입니다.

그 장면은, 어느 고등학교의 실력이 약한 풋볼팀 코치가 자포자기하고 있는 주장 브룩에게 다른 선수를 등에 업고 필드를 기어가야 하는 Death Crawl 훈련을 시키는 장면입니다. 먼저, 코치는 평소 30야드가 최고 기록인 브룩에게 '최선을 다할 것'을 약속하게 합니다. 그리고 손수건으로 브룩의 눈을 가립니다. 그렇게 브룩은 180파운드 체중의 대원 한 명을 업고 눈을 가린 채로 코치가 리드하는 소리에만 의지하여 앞으로 기어가기 시작합니다. 한 발짝, 두 발짝…, 점점 브룩의 숨소리는 거칠어지고 힘들어서 주저앉고 싶어 합니다. 그때마다 코치는 '포기하지 마, 최선을 다한다고 약속했잖아, 열 발짝만 더, 다섯 발짝만 더!'라고 외치며 브룩을 응원합니다. 결국 30야드를 초과한 적 없었던 브룩은 80야드의 풋볼 경기장을 가로지르는 경험을 하게 됩니다.

대부분 학교에서는 고3이 되면 목표치를 선정해줍니다. '원하는 대학에 가려면 최소 몇 점은 돌파해'라고 주문하는 것이지요. 그러면 학생의 한계는 그 목표 점수가 됩니다. 그리고 그 점수에 도달하면 최선을 다했다고 생각하고 더 이상의 도전을 멈추게 됩니다.

그러나 만방에서는 졸업반이 되면 자신의 한계를 바라보는 눈을 가려줍니다. 한계의 눈을 가리면 자신의 진정한 실력을 쌓는 데 관심을 집중하기 때문입니다. 대학이 목표가 되고 시험 커트라인 점수를 넘기 위해 줄다리기를 하는 고3의 쳇바퀴 생활에서 벗어나 그 이상의 것을 생각하게 합니다. 인생이라는 큰 틀 안에서 대학을 바라보게 하고, 고3이라는 시간은 궁극적인 목표를 향한 다음 단계의 준비임을 깨닫게 합니다. 그 결과 많은 학생들이 자신의 한계를 훨씬 뛰어넘는 결과를 내고 있습니다.

입시의 관문은 여전히 좁고 경쟁은 치열합니다. 그러나 우리 학생들은 최선을 다해 공부해야 하는 이유를 알고 있습니다. 그래서 개개인이 가지고 있는 최고의 실력을 발휘하게 되는 것입니다. 또한 서로를 경쟁의 대상으로 생각하는 것이 아니라 동역의 파트너로 생각하며 함께 미래를 꿈꾸고 있습니다.

이제 세상을 향해 담대히 발걸음을 내딛는 우리 학생들을 선생님들은 전심으로 응원합니다.

세상의 빛과 소금이 되어

by 졸업반 권하늘

세상의 많은 사람들이 자신의 성공을 위해 공부하고 노력합니다. 그건 대부분의 크리스천들도 마찬가지일 것입니다. 그러나 여기 만방에서 교육받고 진정으로 하나님을 만난 우리들은 세상과는 좀 다른 각오로 졸업을 합니다.

만방에서 지내는 3년 반 동안 많은 것을 배웠고, 많은 변화와 성상이 있었습니다. 가장 감사한 것은 하나님과의 관계가 친밀해진 것입니다. 예전에는 가끔씩 기도하고 내가 필요할 때 만나는 하나님이었다면, 지금은 항상 동행하시면서 연약한 나를 사랑해주시는 그 사랑을 느낍니다. 언젠가 부모님이 안 계실 때 동생과 집 안 대청소를 한 일이 있습니다. 아무것도 바라지 않고 그냥 부모님께서 기뻐하시면 좋겠다고 생각해서 한 일이었기에 부모님이 웃으며 칭찬해주실 때 정말 기뻤습니다. 그건 내가 부모님을 사랑해서 한 일이었습니다. 그와 같이 이제 나는 하나님을 사랑하기 때문에 하나님께서 기뻐하시면 좋겠다는 생각으로 살아갑니다.

막 졸업반이 되어 공부에 열중해야 할 때, 나는 어째서인지 꿈을 달라고 기도하고 있었습니다. 주변의 친구들은 다들 자신만의 꿈을 좇으며 열심히 공부하는 것 같은데 '왜 나는 쉽게 지치고 방황하는지, 이게 꿈이 없어서 그런 것인지' 하는 생각도 들었습니다. 그런 시기에 읽었던 책이 『하나님의 대사』입니다. 그 책에 나오는 김하중 대사님의 이야기들이 무척 인상 깊었고, 나도 그렇게 기도로 주님의 음성을 듣고 세상 사람들에게 주님의 기적을 보여주고 싶다는 생각으로 외교관이라는 꿈을 향해 달리기 시작했습니다.

최선을 다해 공부하며 열심히 달렸습니다. 그러나 여전히 내 마음속의 공허함은 채워지지 않았고 계속 헤맨다는 느낌을 받았습니다. '왜지? 주님을 위해서 하는 일인데 왜 이런 마음이 드는 걸까?' 그러다 들려온 하나의 찬양은 나의 생각을 바꾸기에 충분했습니다. 그건 바로 "Can't live a day without you"라는 찬양입니다.

나 꿈이 없어도 저 아름다운 수많은 별들 만질 수 없어도 살 수 있어
세상 소중한 모든 것 다 가질 수 있어
하지만 나의 마음속에 주님의 소망이 없이는 나 하루도 살 수 없네
주님의 사랑의 팔로 날 안아 주지 않으면 난 한순간도 못 사네
나 주 없이 살 수 없네

그때 깨달았습니다. 중요한 것은 내가 '꿈이 있느냐, 없느냐'가 아니고, 내가 그 꿈을 '이루느냐, 아니냐'도 아니란 것을요. 주님께서 진정 원하시는 것은 나의 마음이었습니다. 나와의 관계를 가장 중요하게 여기시는 하나님이시기에 나는 주님을 위한다는 거창한 이유로 세운 꿈을 내려놓을 수 있었습니다. 그 후로 더 이상 꿈이 없다고 방황하지 않고 공부도 생활도 더 충실히 할 수 있었습니다. 내 관점에 변화가 생겼기 때문입니다.

우선 내게 주어진 모든 것이 내 것이 아니란 사실을 깨달았습니다. 이 좋은 환경, 주변 사람들, 심지어 내 생명까지도 모두 주님께서 주신 것이라는 것을 알았기 때문에 그것들을 소홀히 할 수가 없었습니다. 오늘 내게 주어진 수업이나 숙제 등을 모두 예전보다 더 열심히 할 수 있었고, 때로는 고난이 찾아오고 친구와의 마찰이 있을 때도 감사히 생각하고 더 성장할 수 있는 시간으로 여길 수 있었습니다. 그렇게 하루하루 달려온 내게 대학은 꼭 이루어야 하는 목표가 되기보다는 그저 주님께서 주신 하나의 과정이 되었습니다.

나의 힘으로는 할 수 없다는 사실을 누구보다도 잘 알고 있었습니다. 중국에서 거의 살다시피 한 친구들과 감히 겨룰 수 있는 실력도 내겐 없었습니다. 그러나 세상적인 욕심을 다 내려놓고 그저 내 삶을 주님께 드리기로 헌신하자 주님이 그 대학을 허락해주셨습니다. 주님은 나의 소망되시며 내 능력되십니다. 이제 아무것도 부럽지 않고, 아무것도 두렵지 않습니다. 그저 담대히 순종하며 주님이 주신 길을 걸어갈 뿐입니다.

이제 우리는 세상으로 나아갑니다. 서로 다른 곳에 떨어져 각자의 자리에서 열심히 달릴 것입니다. 또한 재학생들은 이곳에 남아 더 큰 은혜로 훈련 받을 것입니다. 어쩌면 서로 가는 방향이 달라 보일 수도 있겠고, 각자 추구하는 목표가 달라 보일 수도 있습니다. 그러나 한 가지 분명한 것은, 하나님께서 우리에게 주신 사명은 하나라는 것입니다. 그 사명을 바로 이 말씀에서 찾을 수 있습니다.

> "그러므로 너희는 가서 모든 민족을 제자로 삼아 아버지와 아들과 성령의 이름으로 세례를 베풀고 내가 너희에게 분부한 모든 것을 가르쳐 지키게 하라 볼지어다 내가 세상 끝날까지 너희와 항상 함께 있으리라 하시니라"(마태복음 28:19-20)

우리가 이제 해야 할 일은 우릴 위해 희생하신 주님을 향한 사랑으로 아직 주님께로 돌아오지 않은 사람들을 섬기고 헌신하는 것입니다. 우리를 세상의 소금이라고 하셨듯이, 우리는 세상 사람들과는 다른 마음가짐과 다른 가치관을 가지고 구별되는 삶을 살아야 합니다. 우리를 세상의 빛이라고 하신 주님의 말씀을 기억하며, 마치 촛불처럼 우리의 선한 행실을 비춰 세상 사람들에게 우리 안에 예수님의 형상을 드러내기 원합니다.

하나님이 주신 너무나도 소중한 공동체, 우리가 우리 되어 갈 때 마치 산 위의 동네처럼 숨겨지지 않는 밝은 빛이 될 것입니다. 하나하나 보면 너무 작고 연약한 우리이지만 주님께서 주신 동역자들과 함께할 때 우리는 더 큰 힘을 낼 수 있고, 주님의 계획에 순종하며 따를 때 주님이 주시는 축복으로 말미암아 우리는 놀라운 일들을 해낼 수 있을 것입니다.

나의 선생님

by 이화진(상해복단대학 재학)

선생님이라는 단어를 이야기하면, 사람들은 대부분 엄숙한 선생님을 떠올립니다. 그러나 내가 이야기하고 싶은 '나의 선생님'은 지금까지 만났던 선생님들과는 조금 다릅니다. 내가 만난 '나의 선생님'은 고등학교 때 만난 선생님으로 공과 사가 뚜렷하신 분이셨습니다. 처음 선생님을 만나서 공부할 때 나는 선생님을 매우 무서워했습니다. 아마 내가 공부를 열심히 하지 않아서 많이 혼난 탓이겠지만 선생님이 나를 싫어한다고 생각해서 선생님을 많이 피해 다녔던 것 같습니다.

그렇게 시간이 흐르고 내가 졸업반이 된 후로 선생님과 이야기하는 횟수가 늘어감에 따라 나는 깨달았습니다. 학생들의 교육 문제를 다룰 때의 선생님은 매우 진지하고 엄숙하지만, 다른 때의 선생님은 매우 재미있고 때로는 정말 아빠처럼 학생들을 생각해주신다는 사실을 말입니다.

선생님은 교육에 대한 열의가 대단하셨습니다. 교육에 대한 열의라고 표현하기는 했지반 사실 더 자세히 발하면 학생들을 더 좋은 방향으로 이끌어주시고 섬기는 리더로 변화시키는 일에 대한 열망이 크셨던 것 같습니다.

내가 졸업반일 때 우리는 심적으로 많이 지쳐 있었습니다. 이런 우리의 모습을 보신 선생님께서는 우리를 운동장으로 불러내어 정신훈련이라고 하시면서 학교를 20바퀴나 돌게 하셨습니다. 처음 뛰기 시작했을 때는 내 마음에 원망밖에 없었습니다. 뛰면 뛸수록 다리는 점점 감각을 잃어가고 숨은 점점 가빠지는 상황에서, '여기서 멈추면 지는 거다!'라는 생각 하나만으로 20바퀴를 다 뛰었습니다. 밥을 먹으러 식당 계단을 끙끙대며 올라가서 식사를 하고 계단을 내려가는데 밑에서 선생님께서 올라오시고 계셨습니다.

선생님은 우리가 올라갔던 그 모습 그대로 힘들게 한 칸 한 칸 올라오시고 계셨는데 그 모습을 보니 내가 오기로 똘똘 뭉쳐 달리고 있을 때 그 옆에서 우리와 20바퀴를 같이 달리신 선생님의 모습이 떠올랐습니다. 그때 내 마음에 사무치던 것이 있었습니다. 그 당시에는 그저 감사하고 죄송한 마음인 줄로만 알았는데 이제 와 생각해보니 그것은 선생님께서 우리를 생각하시는 마음의 일부가 나에게 와닿았던 것임을 깨달았습니다.

그 뒤로 우리는 다시 마음을 잡았습니다. 선생님의 관심과 사랑이 아니었다면 아직도 선생님의 깊은 사랑을 모른 채 다른 사람에게 그 사랑을 전해줄 생각도 하지 못했을 것입니다. 우리를 정신적으로 깨어나게 하려고 선생님께서 몸소 같이 힘든 일을 겪은 그 모습을 아직까지도 잊을 수가 없습니다.

언젠가 이런 말을 들은 적이 있습니다.

"사람을 변화시키는 것은 교육이다."

나는 사랑이 깊게 자리잡은 교육을 배웠습니다. 그리고 세상의 모든 청소년들이 이러한 교육을 받기를 간절히 원합니다. 그 교육을 마음으로 받은 나는 다른 사람들에게 그 사랑을 전해줄 것입니다.

바위 위에 수년 동안 떨어진 물방울이 마침내 바위를 깨듯이 학생들을 향한 선생님의 사랑이 우리의 참된 가치를 이끌어 내줄 것입니다. 선생님을 생각할 때 가슴이 먹먹하고 감사함을 넘어 더 큰 감정이 느껴진다면 그것은 당신이 귀하고 참된 교육을 받았기 때문일 것입니다. 만방에서 참된 선생님을 만나 바르게 큰 것이 너무나도 자랑스럽고 감사합니다.

Good의 진짜 의미

by 송에린(청화대학교 재학)

대학교에서 열린 3주 동안의 百贤 summer program이 저번 주에 끝났습니다. 정말 긴 시간 같으면서도, 한편으로는 엄청 빨리 지나간 것 같습니다. 3주의 시간 동안 정말 많은 것들을 배우고 느낄 수 있었습니다.

이 프로그램의 목적은 "Building bridge across culture"입니다. 즉, 다른 문화에서 살고 있는 사람들과 교류하면서 다른 문화를 배우고 이해하는 것이지요. 다른 문화에 대해 많이 안다고 생각했었는데, 이 프로그램을 통해 내가 아직 많이 부족하다는 것을 알게 되었습니다. 다른 사람들과 대화하면서 그 사람이 원하는 게 무엇인지, 그들의 가치관이 무엇인지 이해하기가 힘들었기 때문입니다.

언어의 중요성을 다시 한 번 느낄 수 있는 시간이기도 했습니다. 더 많은 사람들과 이야기하고 시간을 보내려고 했지만 늘 영어나 중국어나 한국어를 할 수 있는 사람들하고만 있게 되는 나를 보면서, 언어가 사람과 사람 사이를 연결해주는 정말 중요한 다리라고 느꼈습니다.

또한 이번 여름 캠프를 통해 'Good'에 대한 두 가지 의미를 깨닫게 되었습니다. 이 프로그램은 정말 'Good'입니다. 최고의 교수님들과 최고의

speaker들을 초청해 학생들에게 정말 좋은 가치관들을 가르치기 때문입니다. 하지만 그 과정 속에 그리고 이 프로그램을 참여하는 내 마음속에 '하나님'이 빠진다면, 정말 'Good'하지 않다는 것을 배웠습니다.

세상에는 'Good'한 게 정말 많습니다. 남들을 위해 봉사하는 사람들, 자기 것을 나눠주면서 사는 사람들, 최선을 다해 열심히 사는 사람들 등등. 그러나 그곳에 하나님이 빠지면 결국 이 모든 것들도 '좋은 것'이란 착각인 셈입니다. 다시 말해, 하나님이 없다면 세상이 보기엔 좋은 일이어도 진짜 좋은 일은 아닌 것입니다. 나는 좋은 일을 하고 싶고, 'Good Life'를 살고 싶습니다. 물론 좋은 가치관들도 중요하지만, 무엇보다 중요한 것은 하나님을 중심에 두고 사는 삶일 것입니다.

축복의 통로가 되어

by 유하선(Taylor University 재학)

나는 미국의 유명한 음대를 휴학하고 만방에서 1년 동안 음악 TA로 봉사하다가 미국으로 돌아가 크리스천 대학인 Taylor University로 편입했습니다. 그리고 이제 졸업까지 1년이 남았습니다. 손목 부상도 있었고 화상도 크게 입는 등 여러 가지 크고 작은 일들이 있었지만, 주님의 은혜로 그 시간들 안에서 더 성장하고 배우고 있는 것 같아서 정말 감사합니다.

이 학교에 편입하기 전, 여러 결심들을 했었습니다. 그중 하나가 "테일러 대학이 크리스천 대학이긴 하지만 내가 진짜 예수님의 제자로서의 삶을 살아가며 다른 학생들에게 도전이 되는 사람이 되자"였습니다. 떠나기 전 여름, 만방 졸업생 친구들을 통해 이런 구체적인 결심들을 하게 되었습니다. 그런데 방학하기 바로 전에 테일러의 다른 학생들과 대화할 수 있는 기회가 있었는데, 한 친구가 제게 이런 고백을 했습니다.

"창피해서 말하지 않으려고 했는데 너무나 큰 간증이어서 나누고 싶어. 학교를 다니는 동안 너를 보면서 참 많은 도전을 받았는데, 그중 하나가 '정직함'이었어. 작은 과제들이나 퀴즈 같은 것들을 보면 남들은 대수롭지 않게 인터넷을 찾아보거나 그전에 그 수업을 미리 들은 친구들에게 과제를 받기도 하는데, 넌 그러지 않았지. 그뿐 아니라 사람들 앞에서 당당하게 그건 옳지 않은 일이라고 말할 수 있는 너의 용기에 정말 많이 배웠어. 그래서 나도 그렇게 살기로 결심했어. 얼마 후, 인터넷으로 보는 시험이 있었는데 평소 같았으면 정답을 미리 다 찾아서 봤을 테지만 너의 말과 너의 삶이 생각나서 정직하게 내 실력대로 해야겠다고 다짐하고 시험을 봤어. 결국 시험은 fail이었지만 그래도 감사하기로 했어. 그런데 놀라운 일이 일어났어. 교수님께서 먼저 찾아오셔서 '네가 얼마나 열심히 했는지 알고 정직하게 하려고 했는지 알기 때문에 A를 주겠다'라고 하신 거야."

그 친구가 이렇게 자신의 이야기를 나누는데, 정말 고맙다고 말해주었습니다. 그 친구는 마지막에 이런 말을 했습니다.

"하나님 앞에서 사소한 것 하나까지 정직하게 하려고 노력하면 다른 것은 다 채워주신다는 것을 경험했어."

이 말을 듣자마자 만방이 생각났습니다. TA를 하면서 선생님으로 갔지만 정말 많은 것들을 배웠고 결심하며 돌아갔는데, 내 눈으로 그 열매들을 보니까 어찌나 기뻤는지 모릅니다.

다른 많은 친구들도 나를 통해 또 나의 학교생활을 보면서, 하나님께서 주신 선물인 하루하루를 어떻게 그분 안에서 성실하게 보내야 되는지 도전을 많이 받는다고 끊임없이 이야기해주고 있습니다. 얼마나 감사한지 모릅니다. 절대 내가 한 것이 아님을 알고 있습니다. 만방 선생님들과 학교 그리고 졸업생들을 통해 배운 것이고, 무엇보다 하나님께서 도와주셨기에 이런 열매들이 있다고 믿습니다. 대학생활의 마지막 1년도 이런 간증들로 가득 차서 내가 축복의 통로가 되는 시간들이 되었으면 좋겠습니다.

섬김의 기쁨

by 이운용(청화대학교 컴퓨터공학과 재학)

이번 학기에 기회가 되어 중국 친구들을 집에 초대하게 되었습니다. 마침 한 친구의 생일이라 생일파티도 할 겸 같은 청화대에 다니는 여러 학과 여러 학년에 있는 중국 친구들을 초대해 저녁식사를 대접하게 되었지요. 그리고 그날 밤, 그 친구들이 돌아가자마자 나는 소파에 실신해버렸습니다. 오전엔 왕복 3시간 거리에 있는 고등학교에서 과외 아르바이트를 하고, 오자마자 집 대청소와 설거지를 하고, 자전거를 타고 시장에 가서 300위안어치 재료들을 장 봐서 한 손에 들고 또 한 손으로 운전하고 와서는 요리를 하고, 친구들과 먹고 놀고 또 다시 치우고….

그날따라 집에 아무도 없어서 모든 일을 혼자서 해야 했기에 정말 피곤하고 지친 하루였습니다. 그런데 방에 들어갈 힘조차 없어 소파에 쓰러져 있었지만 마음만은 정말 큰 기쁨을 맛보았습니다. 처음에는 뿌듯함에서 나오는 감정인줄 알았는데 나중에야 이 기쁨이 더 높은 곳으로부터 온 것임을 알게 되었습니다. '아 섬김이라는 게 이런 맛이구나.'

나는 그제야 알게 되었습니다. 그동안 섬김은 다른 사람에게 도움과 기쁨을 주는 것이라고 생각했었는데, 참된 섬김은 '주는 사람'에게 더 큰 기쁨을 느끼게 해준다는 것을요.

이러한 큰 은혜를 경험했는데 가만히 있을 수가 없었습니다. 이것을 시작으로 더욱더 크고 작은 섬김의 기회들을 만들어 가게 되었습니다. 친구들과 아침마다 QT를 나누는 시간도 만들었고, 며칠 전에는 중국 친구들과 한국으로 여행도 다녀오게 되었습니다.

섬김이 있는 삶은 축복받은 삶입니다. 그리고 그 축복을 내게 알려주신 분들이 바로 만방의 선생님들입니다. 내가 직접 섬김의 삶을 살아보니 선생님들께서 하루 24시간이 꽉 찬 스케줄 속에서 생활하시면서도 기쁘고 즐거우신 이유를 조금이나마 이해할 수 있게 되었습니다. 또 선생님들이 추구하시는 인생의 가치가 무엇인지 알아가고 있는 것 같습니다.

의미 없는 인생을 살고 싶지 않습니다. 진정한 축복이 있는 삶, 그런 삶을 살아가고 싶습니다. 재학생 여러분도 만방에서 생활하면서 축복된 삶을 경험하고 알아가기를 바랍니다.

선한 영향력

by 이성훈(북경대학교 재학)

처음 대학에 갈 때, 나는 큰 꿈과 큰 기대를 가지고 북경에 갔습니다. 만방을 떠나기 전 졸업 JG 때 총교장님께서 말씀하셨던 것처럼, 우리의 비전은 세상의 빛이 되는 것이라는 생각을 깊게 가지고 있었고 많은 각오와 기대를 가지고 있었습니다. 물론 지금까지도 그 비전을 가지고 살아가고 있으며, 또 새롭게 생기게 된 꿈들도 많이 있습니다. 하지만 이 글을 통해 내가 좋았던 이야기 혹은 꿈에 대한 이야기보다는 영향력에 관한 이야기를 나누려고 합니다. 수학시간에 있었던 일입니다.

만방에 있을 때도 수학에는 자신이 있는 편이어서 대학에서도 수학은 문제가 없을 거라고 생각했는데, 막상 대학에 와서 수업을 듣다 보니 시간이 지날수록 수학이 큰 어려움으로 다가왔습니다. 그럴 때마다 친구들에게도 물어보고 잘 따라가기 위해 노력을 많이 했습니다.

중간고사가 끝나고 얼마 되지 않았을 때, 수업과 수업 사이 쉬는 시간에 교수님에게 문제를 물어보러 갔습니다. 그런데 교수님께서 질문에 모두 친절하게 답해주신 후에 내게 한국인이냐고 물어보시더니 중간고사에 몇 점을 맞았냐고 물어보셨습니다. 나의 점수를 알려드리면서 한국인이라고 말씀드리니, 교수님은 한국인인데 왜 이렇게 열심히 하냐고 물어보셨습니다. 내 점수도 많이 높은 편이 아니었는데, 다른 유학생들의 시험 점수는 훨씬 낮았던 것 같았습니다. 그러면서 수업을 같이 듣는 다른 과의 한국 유학생들 이름을 말씀하시면서 그 학생들을 알고 있냐고 물어보셨습니다. 그래서 전혀 모른다고 했더니 너는 그 학생들이랑은 다른 것 같다고, 그 학생들이랑 친하게 지내지 말라고 말씀하셨습니다.

순간 나는 당황스럽고 또 한편으로는 다른 한국 유학생 친구들이 교수님에게 끼친 선하지 못한 영향력에 안타깝기도 했습니다. 우리에게는 사소한 행동이지만, 학업에 기본적으로 충실하지 못한 한국 유학생들이 많이 있다 보니 교수님에게는 안 좋은 인상이 깊게 박히게 된 것 같았습니다. 그 뒤로도 나는 수학을 열심히 했고, 교수님도 나에 대해 좋은 인상이 남으셨는지 친절하게 대해주셨습니다.

다른 수업들도 마찬가지입니다. 나는 필리핀 친구와 말레이시아 친구와 함께 보통 맨 앞줄에 앉아서 수업을 듣는데, 그럴 때마다 유학생들을 많이 접해보신 교수님들께서는 깜짝깜짝 놀라곤 하셨습니다. 만방인들에게는 앞자리에 앉는 게 별일이 아닌데도, 유학생들이 앞쪽에 잘 앉지 않다보니 교수님들께서 신기하게 생각하시는 것 같았습니다.

내가 이 이야기를 하는 것은 내 자랑을 하려는 것도 아니고, 다른 한국 유학생들이 잘못하고 있다는 말을 하려는 것도 아닙니다. 내가 대학에서 미치는 작은, 아주 사소한 영향력들에 대해서 이야기하고 싶은 것입니다. 모르는 것에 대해 질문하는 것은 사소한 일이지만 나의 태도나 적극적인 마인드로 인해 수학 교수님의 한국인에 대한 인식이 조금이나마 바뀌었다면, 앞쪽에 앉아서 수업을 듣는 것으로 인해 많은 중국 친구들과 교수님들의 인식이 조금이나마 바뀌었다면 내가 그곳에서 빛을 비추고 있는 것이라고 믿고 있습니다.

내가 그들에게 미치는 영향은 그렇게 커다란 것이 아닙니다. 그리고 내가 북경에서 비추고 있는 빛은 북경을, 북경 대학교를 뒤흔들 만큼 큰 것도 아닙니다. 그러나 내가 꺼지지 않는 빛으로 있을 때에, 또 우리 작은 빛들이 함께 모일 때에 점점 그 빛이 커져 중국에 미칠 선한 영향력이 더욱 커질 것이라고 믿습니다.

이를 위해 우리 만방의 졸업생들이 CFC라는 공동체를 만들어 서로 동역하며 구체적인 행동을 해 나가고 있지만, 나는 우리 한 사람 한 사람이 각자 자신의 자리에서 빛이 되는 것도 중요하다고 생각합니다. 우리 개개인이 비출 수 있는 빛은 비록 작겠지만, 결국에는 선한 결과물들을 보게 될 것입니다. 또한 우리 졸업생들처럼 재학생 여러분들도 만방에서 잘 배우고 성장하여서, 빛이 되어 세상을 밝히는 멋진 리더들이 될 것이라고 믿습니다. 우리가 함께 큰 빛을 이룰 그날을 기대합니다.

만방에서 뿌리 내리고 피어난 꽃들이 열매 맺는 시간

by 김채린(미국 UNC-Chapel Hill 재학)

대학생활을 하면서 만방학교 홈페이지를 자꾸 보게 되고 만방에서 배웠던 것과 경험했던 것들이 시도 때도 없이 생각납니다. 만방에서는 당연하다고 느꼈던 것들이 여기서의 내 생활과 태도에 힘이 되고 방향이 되어주니 신기하고 감사할 따름입니다.

미국에 온 지는 한 달 정도 되었고 학교생활을 시작한 지는 2주가 조금 넘었는데, 정말 많은 것들을 보며 배우고 있습니다. 걱정했던 것보다 음식도 다양하고 맛있어서 걱정 없이 지내고, 아픈 데 없이 매일 새로운 문화와 사람들 속에서 즐겁게 생활하고 있습니다. 물론 미국 친구들과 자연스럽게 대화를 하는 데에는 한계가 있지만, 조급해하지 않고 스스로에게 여유를 주면서 천천히 성장하고 사람들과 관계를 맺어 가고 있습니다.

무엇보다도 매 순간마다 하나님의 예비하심과 인도하심에 놀라고 있습니다. 사실 여기 오기 전부터 미국의 큰 주립대학에 대한 좋지 않은 이야기를 자주 들어서인지 어느 정도 각오를 하고 학교생활을 시작했습니다. 술, 파티, 마약, 남녀 간의 건전하지 않은 관계 등 여러 가지 미국의 아픈 모습들을 보게 될 것이라고 예상한 것입니다. 그러나 놀랍게도 지금까지 하나님께서 내게 보여주신 미국의 모습은 아름다운 모습이 더 많은 것 같습니다. 물론 미국에 온 지 얼마 되지는 않았지만 내가 만나는 미국 친구들과 마주하게 되는 미국 문화는 오히려 나에게 도전을 주고 있습니다.

우선 학생들의 배우고자 하는 열정에 도전을 받고, 나 또한 날마다 새로운 도전을 하고 있습니다. 이곳의 대학생들은 자신이 미래에 무언가가 되기 위해서 수업을 듣지 않습니다. 즉, 계산적인 목적이 아니라 교양 과목이더라도 학문에 대한 열정을 가지고 혹은 더 알아 가거나 시야를 넓히고 싶어서 배우고자 합니다. 그래서인지 수업 시간에는 자기의 생각을 나누는 데 주저함이 없고, 선생님들과 순수하게 대화하고 관계 맺는 모습을 자주 봅니다.

이런 모습을 보면서 나는 날마다 '아, 저게 진짜 교육이고 배움이구나!' 하고 감탄합니다. 감사하게도 만방에서 훈련을 받은 나 또한 그 친구들만큼, 혹은 더 노력하고 있다고 자신 있게 말할 수 있습니다. 첫 수업부터 지금까지, 수업이 끝나면 선생님을 찾아가서 질문하고 대화를 조금이라도 더 나누려고 합니다.

무엇보다 선생님들의 Office Hour에 찾아가서 배우는 학문에 대해 일대일로 깊은 대화를 나누려고 적극적으로 도전하고 있습니다. 어느 날은 수업 전에 문학 선생님을 찾아갔는데, 요즘 수업 시간에 다루고 있는 책에 대한 나의 해석과 생각을 선생님과 주고받다가 둘 다 수업에 늦기까지 했습니다. 이처럼 매 수업 때마다 진짜 배움이 어떤 것인지를 느끼고 있습니다. 다른 사람의 수업에 참여하는 게 아니라, 진짜 나를 위한 수업이라는 생각이 들게 하는 미국의 교육 분위기에 푹 빠지고 있습니다.

신앙적인 면에서도 하나님의 인도하심을 느낍니다. 요즘 하나님의 이야기를 나누고 싶어 갈급해하는 UNC 학생들을 너무나도 많이 만나고 있습니다. 생활관에서 함께 지내는 8명의 친구들 중 나를 포함해 7명이 크리스천이고, 이들 모두 대학에서도 신앙의 끈을 놓지 않으려고 노력하고 있습니다.

그리고 최근에 알게 된 미국인 언니와 그녀의 주변 친구들과 가끔 함께 식사하면서 하나님에 대한 이야기와 자신의 신앙에 대한 성찰 그리고 하나님께 삶과 미래를 드리고자 하는 고백을 들으면서, 오히려 내 삶을 반성하고 스스로를 돌아보게 되는 시간을 갖게 되었습니다.

얼마 전 미국 교회에 대학생 찬양 집회를 다녀왔는데 UNC, 듀크, NC, State 등등 여러 대학에서 온 많은 대학생들이 다 함께 찬양하고 말씀을 듣는 모임이었습니다. 그중에서도 특히 UNC 학생들은 하나님 앞에서 연약한 자신의 모습을 다른 사람들과 나누는 것과 하나님께 삶을 드리려는 마음을 나누는 것을 전혀 부끄러워하지 않았고, 오히려 더욱더 하나님을 전하고 싶어 하며 바른 신앙관을 가지고 싶어 했습니다. 그들과 깊은 대화를 나누는 내내 도전을 받았는데, 그중에서도 한 친구가 했던 말이 정말 인상 깊었습니다.

"요즘 학기를 시작하고 정신없이 학교생활을 하다 보니, '왜 난 애인이 안 생기지? 대학을 졸업하면 뭘 해야 되지? 지금 이 상태로 좋은 직장을 구할 수 있을까?'처럼 세상적인 질문만 하면서 계속 걱정만 했던 것 같아. 그런데 오늘 말씀을 듣고 너희들과 이야기를 나누면서 미래의 일이나 세상의 기준에서 중요한 일에 초점을 맞추기보다 현재 나의 삶을 이끄시고 함께하시는 하나님을 바라봐야겠다는 생각이 들었어. 힘들겠지만 매일 하나님을 대학생활과 내 삶의 우선순위로 두겠다고 다짐하게 되었어."

미국에 온 후로 하나님과 보내는 시간을 소홀히 여기고 있던 내게 그 친구의 말이 강하게 꽂혔습니다. 말씀을 나누고 서로를 위한 조언을 아끼지 않는 하나님의 대학생들 사이에서, 연약해지는 나에게 자꾸 다시 깨어나라고 말씀하시는 하나님을 느끼는 시간이었습니다.

이제 막 미국 생활에 적응해 가고 있는 나에게 하나님께서 지금은 일부러 아름다운 모습만을 보여주시는 것인지는 모르겠지만, UNC에서 정말 하나님을 위해 살고 싶어 하는 대학생들을 곳곳에서 만나고 있습니다. 이곳의 기독교 공동체는 참 강하고 건강하게 성장하고 있는 것 같습니다. 물론 시간을 두면서 정말 하나님이 원하시는 공동체인지 분별력 있게 지켜봐야겠지만, 지금까지는 만방에서 배운 가치관을 오히려 솔직하게 나누고 성장하려는 UNC 친구들의 모습 속에서 감사와 감동을 느끼고 있습니다.

물론 힘든 게 하나도 없다면 거짓말일 것입니다. 만방이라는 끈끈한 공동체에서 6년을 살다가 밖으로 나오니, 어쩔 수 없이 외로움을 크게 느낍니다. 처음에는 너무 오랜만에 느껴보는 외로움이라 마음 한구석이 휑하기도 했지만, 요즘에는 그런 감정도 받아들이며 여유 있게 지내고 있습니다. 언어와 문화란 벽이 있고 한국 학생들이 많이 없다 보니한국인 친구를 아직 한 명도 못 만났답니다 친구들을 사귀는 데에 시간이 걸린다는 사실을 스스로 인정하고 나니까, 오히려 생각보다 빨리 적응하고 친구들을 사귈 수 있었습니다.

만방에서 배운 중국어도 엄청난 도움을 주고 있습니다. 중국어를 자연스럽게 할 수 있는 것만으로도 인맥이 넓어졌고, 비록 한국 친구들을 만나지 못했지만 중국 친구들을 정말 많이 만나 함께 중국 음식도 먹으러 가는 등 친해질 수 있었습니다. 미국에서 중국어를 할 수 있는 한국인을 만나서 그런지 중국 친구들이 나를 신기해하면서도 마음을 자연스럽게 열어준 것 같습니다.

개학식을 한 순간부터 지금까지 거의 매일 하루도 빠짐없이 하나님께서 나를 이곳에 보내신 이유를 생각합니다. 부모님과 할머니와 전화를 하면서도 항상 빠지지 않고 '하나님께서 예비하셨구나'라는 고백을 하게 됩니다.

시간이 흐를수록 감사한 것들이 늘어나고 함께하심을 느끼며 그분의 인도하심에 감격하게 됩니다.

무엇보다도 가장 강하게 경험하고 있는 하나님은, 만방에서부터 나를 강하게 훈련시키시고 준비시키신 하나님입니다. 정말 기본적인 자기관리와 시간관리부터 정신력과 긍정적인 마음과 태도를 지니는 것 그리고 신앙까지 자연스럽게 몸에 배어져 나오는 만방교육의 결실들이, 낯선 미국 땅에서 대학 생활을 하고 있는 내게 엄청난 힘과 도움이 되고 있습니다. 만약 만방에서 힘든 일들을 겪고 울어도 보고 깨지면서 다시 일어나는 경험들을 하지 못했다면, 이렇게 기쁨과 기대와 감사의 마음을 전하지 못했을 것입니다.

만방에서 나와 함께하셨던 하나님과 선생님들께 너무나도 감사한 마음이 말로 다 표현이 안 됩니다. 세상에 나오고 나니까 비로소 그 사랑과 교육이 얼마나 소중한 것들이었는지 진심으로 느끼게 되는 것 같습니다.

나는 이곳에서 최선을 다해 살아갈 것입니다. 하나님께서 내게 무슨 계획을 가지고 계시는지는 정확히 모르지만, 확신을 가지고 항상 그분의 뜻을 구하면서 사역자의 마음으로 살아갈 것입니다. 그리고 흔들릴 때나 헷갈릴 때는 부끄러워하지 않고 만방 선생님들께 도움을 구하겠습니다.

졸업생에게 온 편지

상해, 북경, 한국, 미국의 대학으로 간 우리 제자들이 만방을 졸업한 후에도 사명감을 가지고 사도된 삶을 살고 있습니다. 삶이 곧 예배라는 만방에서의 가르침에 소홀하지 않고 학교에서, 교회에서, 친구들 관계에서도 인정받는 제자들, 대학교에서 성실하게 공부하여 장학생들이 된 제자들, 매주 지역별로 모임을 갖고 서로 격려하며 지식인으로 캠퍼스를 변화시킬 선한 일을 계획하며 행하는 제자들, 각자의 교회에서 열심히 섬기는 제자들, 봄, 가을로 만나러 갈 때마다 듬직하게 기쁨을 듬뿍 주는 제자들, 졸업 후에도 모교를 찾아와 동생들과 함께 자고 함께 식사하며 동생들을 위해 경험을 나누고 사랑을 전해주는 제자들. 이 사랑스러운 제자들이 선생님들의 조언을 사모하며 메일로 전화로 자주 연락을 해옵니다. 마지막으로 사랑하는 만방 졸업생 제자의 편지를 나누고 싶습니다.

청화대학과 상해복단대학 두 군데를 합격했지만 부모님의 반대를 뿌리치고 상해복단대학에 진학했고, 현재는 제주도에서 의경 생활을 하고 있는 이예훈 학생의 편지입니다.

충성! 일경 이예훈입니다. 선생님, 오랜만에 인사드립니다. 잘 지내시죠? 오늘 제가 외출이었는데 이제 부대 복귀하면 선생님께 보낸 물건들이 잘 도착했는지 확인할 수가 없어서 이렇게 예약 메일로 연락을 드립니다. 토요일에 외출 나와서 화요일에 메일이 가도록 예약을 해놓는 아름다운 세상. 기술은 이럴 때 활용하는 게 아니겠습니까. 하하.

선생님, 제가 보내드린 것은 지금 제주도에서 귤과 한라봉보다도 더 달고 맛있다는 천혜향과 레드향입니다. 제가 자주 이용하는 농산물 직거래 사장님을 통해 보내드리는 겁니다. 어느 요리 연구가의 말에 따르면 레드향은 샐러드에 넣어서 먹으면 맛있고, 천혜향은 청으로 만들어 먹으면 맛있다고 하더라고요. 그래도 과일 채로 그냥 드시는 게 제일 맛있지 않겠습니까! 사장님께서 요새 제일 잘나가는 과일들이라고 걱정 말라고는 하셨는데, 제가 직접 상품을 받아본 게 아니라서 걱정은 되네요. 혹시라도 상품에 이상이 있거나 맛이 없으면 꼭 제게 연락해주세요. 제가 사장님을 찾아가서 다시 달라고 하겠습니다. 그래도 최고 좋은 것들로 넣어달라고 사정사정했으니 최고로 맛있지 않을까 조심스레 기대해봅니다. 제주도에 있기도 하고, 월급날이기도 해서(월급도 올랐습니다!) 월급이 들어오자마자 첫 거래를 해봤습니다. 하하.

항상 응원해주시고, 가르쳐주시고, 알려주시고, 격려해주시고, 지금의 제가 있을 수 있도록 해주셔서 정말 감사합니다. 군대에 와서도 이따금씩 꿈을 꿀만큼 아주 소중한 시간들을 다른 곳이 아닌 만방에서 만들어 갈 수 있어서 참 행복하고 감사했습니다.

문득, 대학교에서 청년부 셀 모임 때 인생 그래프를 그리라고 했는데 저는 0세부터가 아니라 17세부터 그렸던 기억이 납니다. 그 이유에 대해, 17세였던 2010년 2월 27일에 만방에 갔기 때문이라고 친구들에게 자랑스럽게 말했었습니다. 무슨 용기로 0세부터 16세를 지웠었는지 참…, 이해할 수 없다는 표정을 짓는 셀원들에게 17세 이후부터의 삶을 이야기해줬던 기억이 새록새록 떠오릅니다. 그만큼 저에게 있어서 만방은 큰 변환점이 된 곳이겠지요.

요즘 저희 기동대 대장님께서 게을러지지 말고 의미 있게 보내라는 말씀을 많이 하시는데, 저도 이런저런 공부와 틈틈이 운동도 하면서 의미 있게 보내는 것이 뭘까 고민하면서 노력하며 살고 있습니다.

아, 그리고 올해 4/4분기에 '베스트 기동대 선발 측정'이라고 기동대에서 매 분기마다 체력 측정을 하는 게 있는데, 거기서 기동대 역대 신기록을 세우며 겸손하게 1등을 했습니다. 하하하! 특별 외박(2박 3일)을 따냈답니다. 덕분에 공항 경찰대 대장님(군대로 치면 연대장님 정도 될 겁니다) 앞에서 혼자 시연하기도 했습니다. 이게 가능했던 것은 만방에서 끌어올린 체력 때문이라 자부합니다. 아무쪼록 제대하는 그날까지, 만방인으로 몸도 마음도 건강하게! 제주공항을 지키도록 하겠습니다. 선생님도 항상 건강하시고요. 보내드린 레드향과 천혜향으로 비타민C도 충전하셔서, 추운 겨울 따뜻하게 나시길 바랍니다. 또 연락드리겠습니다. 이상 일경 이예훈이었습니다. 충성!

WISDOM
MATTERS

초판 1쇄 발행 | 2018년 11월 26일
2쇄 발행 | 2018년 12월 4일

지 은 이 | 최현 외

펴 낸 이 | 최광식
펴 낸 곳 | 나무&가지
책임편집 | 지은정
북디자인 | 김한희
마 케 팅 | 임지수, 김영선
등록번호 | 제 2017-000048호
주 소 | 서울시 서초구 강남대로 455, A동 511호
편 집 부 | **전화** 02-532-9578
이 메 일 | sevenpoweredu@gmail.com

ISBN 979-11-960755-4-5

● 책값은 뒤표지에 있습니다.

이 도서의 국립중앙도서관 출판시도서목록(CIP)은 e-CIP페이지(http://www.nl.go.kr/ecip)와
국가자료공동목록시스템(http://www.nl.go.kr/kolisnet)에서 이용하실 수 있습니다.
(CIP제어번호 : CIP2018036974)